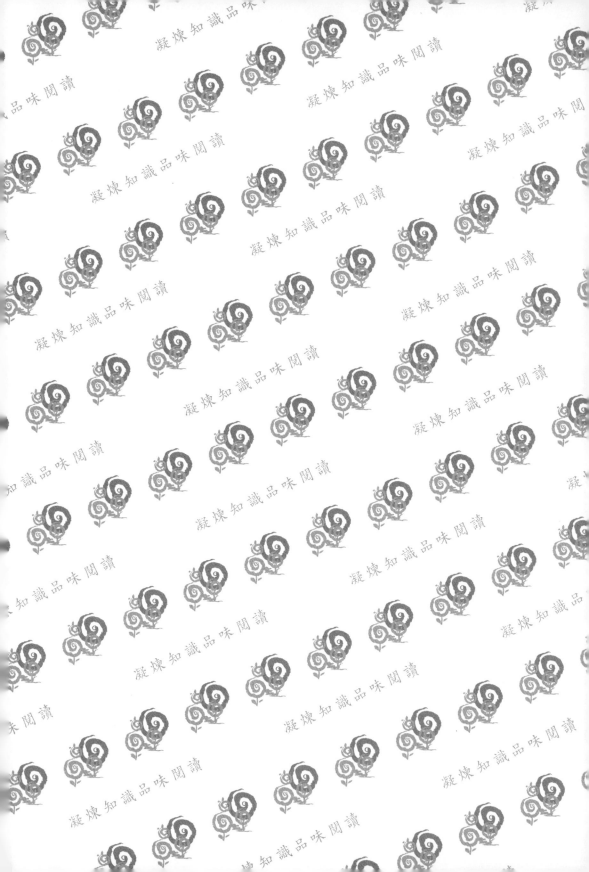

崛起中的猛虎

葉燉烟———————————————————主編

許文志、葉燉烟、李建宏、許純碩、許淑婷、張李曉娟
尤澤森、張子見、吳珮慈、張宏榮——————著

印尼

五南圖書出版公司 印行

序

　　印尼是地球上最大的群島國家，地跨赤道兩側，國土面積 1,904,569 平方公里（約臺灣 53 倍），地大物博；同時也是東協（ASEAN）十國中，國土最大的國家，亦為世界第 14 大國。印尼位居太平洋與印度洋間的要衝通道，其海域運量占世界海運總量的三分之一，同時扮演亞洲與大洋洲間的橋梁角色，地理位置適中，戰略地位極為重要。

　　印尼人口已超過 2.75 億人，僅次於中國、印度、美國，為全球第 4 大人口國家；印尼經濟總量占東協的 40%，號稱為東協龍頭老大，在 G20 成員中是唯一的東南亞國家。近年來經濟成長（GDP）穩定，都維持在 4-6% 之間，在 G20 國家中僅次於中國和印度；雖然受 COVID-19 疫情影響，GDP 降至 3% 以下，但總體經濟大致尚能保持健全性，其國際地位與影響力日益受到全球重視。

　　佐科威總統（Joko Widodo）自 2014 年 10 月 20 日就任以來，即以經濟自主與成為海洋大國為總體目標，其目標為 2045 年前將國民年收提高至人均 3.2 億印尼盾（約 21,000 美元）。同時，積極推動國家經濟基礎建設和民生建設，改善投資環境，開放國內外資金直接投入印尼經濟發展，開放市場，減少政府管控，寬鬆貨幣政策，未設定外匯限制，讓外資自由進出。若依照麥肯錫（McKinsey & Company）預估，到 2030 年印尼將成為世界第七大經濟體，其因歸於印尼有龐大的消費群體，快速的都市現代化（雅加達首都將遷至東加里曼省的努山搭拉成為新首都），充足的技術勞工，在服務業、國際觀光業、中小企業、農漁業的持續發展，天然資源豐富，提升教育水準，發展產業等帶來大量市場機會，同時實施新勞動法《創造就業綜合法》，創造大量就業機會，印尼未來經濟發展充滿機會與希望。

　　新南向政策是與東南亞及南亞國家建立廣泛連結，以創造共同利益；蔡英文總統對「新南向，新思維」所下的結論爲「low-hanging fruit」（懸吊在面前的果子），並非垂手可得，要全力以赴，始能成功。職是之故，本書集合十位原專長領域各不相同之博士，透過蒐集、編撰在十個面向最爲即時的資訊，以供臺商企業與有興趣者參考，並且期盼各界不吝指教。

主編　葉敦 堃

2022 年 4 月於環球科技大學

目　錄

第二篇　經濟與貿易

第一篇

政治、社會、教育與人文

Chapter *1*

印尼憲政發展分析與展望

李建宏[*]

[*] 美國西密西根大學國際政治經濟博士，現任環球科技大學公共事務管理研究所助理教授、環球科技大學地方發展與國際化專案辦公室執行長。

　　印尼是世界最大群島國家，全國共 17,508 個大小島嶼，主要島嶼有蘇門答臘（Sumatra）、爪哇（Java）、加里曼丹（Kalimantan）、蘇拉威西（Sulawesi）及巴布亞（Papua）五大島。國土面積位居全球第 14 位。全國人口約兩億七千三百萬人，居世界第四；其地理位置位居亞洲大陸及澳洲之間的橋梁，也是太平洋及印度洋間的要衝，在國際政治經濟戰略上居重要地位（維基百科，2022 年 2 月 6 日）。

　　當日本於 1945 年 8 月 15 日宣布無條件投降之後，蘇卡諾（Sukar-no）也迅速於 1945 年 8 月 17 日宣布印尼獨立，而成為印尼的國父。自 1998 年結束 32 年蘇哈托（Suharto）專制政權以來，印尼取得了令人印象深刻的民主進展，然而英國「經濟學人資訊社」在公布 2021 年全球民主指數報告中（維基百科，2022 年 2 月 11 日），仍將印尼評為有瑕疵的民主（flawed democracy），在 167 個評比國家中排名第 52，但是相較於 2020 年的 64 名，印尼已經進步了 12 名，這對一個年輕的民主國家而言，是一個好的跡象。本篇文章就是試圖從三個層面包括《憲法》發展過程、民主化過程，以及國際關係與外交政策，來分析印尼憲政發展的歷史軌跡以及未來的可能走向。

第一節　《憲法》發展過程

　　《憲法》在國家所有的法律規範中具有最高位階，它規範了國家機關的權力秩序與保障人民的基本權利與自由。一個現代國家的首部《憲法》除了反映當時政治文化的需求，同時也規範未來政治發展的可能變化。印尼《憲法》的基本精神，是依據印尼獨立運動領袖，後為印尼首任總統的蘇卡諾於制定 1945 年獨立《憲法》時的五大原則，就是著名的「潘查希拉」（Pancasila），包括信仰上帝（Belief in God）、人道主義（Humanity）、民族團結（The Unity of Indonesia）、民主代議制（Democracy），以及社會公正（Social justice）（維基百科，2021 年 9

月 20 日）。

　　從 1945 年 8 月 17 日印尼宣布獨立開始，印尼獨立籌備委員會就批准印尼《憲法》生效。但由於荷蘭人仍不放棄保留他們的殖民地，荷蘭軍隊和印尼共和軍之間爆發了四年的獨立戰爭。然而，在國際壓力下，雙方進行了談判，最後達成共識建立一個聯邦制的印尼合眾國。印尼方面將開始為新國家制定《憲法》。1949 年 12 月 27 日，隨著主權正式從荷蘭移交給新成立的印尼合眾國之後，1949 年聯邦《憲法》取代了 1945 年印尼共和國《憲法》。然而，在接下來的八個月內，公眾輿論的熱潮導向於要求回歸單一制國家，最後在 1950 年 8 月 17 日，蘇卡諾總統正式解散印尼聯邦合眾國，取而代之的是新的印尼共和國臨時《憲法》（維基百科，2021 年 12 月 30 日）。

　　1955 年，舉行了人民代表會議和制憲大會的選舉，以起草最終《憲法》。然而，經過多次爭論，這部《憲法》未能達成一致共識，主要問題是伊斯蘭教在新《憲法》中的角色，因而陷入停滯。蘇卡諾隨後在軍方的支持下推動恢復 1945 年《憲法》。儘管該議案付諸表決，但表決未獲得所需的三分之二多數票。最後，1959 年 7 月 5 日蘇卡諾決定直接解散議會，恢復 1945 年《憲法》（維基百科，2021 年 9 月 20 日）。

壹、1945 年《憲法》

　　印尼受到荷蘭的長期殖民以及日本帝國的占領，對於印尼開國菁英而言，依賴或是受大國的控制都具有不安全感。而這樣的感受直接反映在 1945 年《憲法》序言上：「基於獨立是所有國家不可剝奪的權利。因此，必須在世界上廢除殖民主義，因為它不符合人性和正義。」（Whereas Independence is the inalienable right of all nations; therefore, colonialism must be abolished in the world as it is not in conformity with humanity and justice.）（維基百科，2021 年 12 月 30 日）印尼《憲法》基

於三權分立，針對行政、立法以及司法，均有各自的規定來互相制衡。行政部門由總統、副總統和內閣組成。總統和副總統都是由印尼選民通過總統選舉選出。他們的任期爲五年，其後只可連選連任一次，因此最多總共爲十年（The President and Vice-President serve for a term of five years and may subsequently be re-elected for another term only.）。

印尼的立法部門是由人民協商會議（MPR）負責《憲法》部分，以及人民代表委員會（DPR）負責一般法律。人民協商會議有權制定或修改《憲法》，並任命（或彈劾）總統，《憲法》第 2 條規定人民協商會議是一個兩院制議會，由人民代表委員會和區域代表委員會（DPD）組成（The People's Consultative Assembly consists of the members of The House of Representatives and the members of The Council of Representatives of The Regions elected through general elections.）。而《憲法》第 20 條則規定，人民代表委員會擁有制定法律的權力（The House of Representatives holds the power to make laws.）。

印尼司法系統的最高法院是獨立的最高法院。《憲法》第 24 條規定司法權由最高法院及其下屬司法機構行使，其形式包括普通法院、宗教法院、軍事法院、行政法院和憲法法院（The judicial power is exercised by a Supreme Court with its subordinated judicial bodies within the form of general courts, religious courts, military courts, administrative courts, and by a Constitutional Court.）。

就宗教的部分，印尼是擁有最多穆斯林的國家，但伊斯蘭教並非國教，而是和佛教、基督教、天主教和印度教並列爲主要宗教，因此基於宗教信仰的自由，印尼是一個世俗國家，《憲法》第 29 條規定國家保障每個公民的宗教自由，並相應地實踐這種宗教和信仰（The state guarantees the freedom of religion for each citizen and to practice such religion and belief accordingly.）。

貳、《憲法》修正

1945 年印尼共和國《憲法》正式於 1945 年 8 月 18 日首次通過，1949-1959 年被聯邦制《憲法》取代，1959 年恢復，自 1998 蘇哈托專制政權瓦解之，後歷經第一修正案（1999 年 10 月 19 日）、第二修正案（2000 年 8 月 18 日）、第三修正案（2001 年 11 月 9 日）和第四修正案（2002 年 8 月 11 日）而成為目前印尼現行的《憲法》。

第一修正案的重點是總統和副總統五年的任期限制，可連任一次，並且取消了總統制定法律的權力，因為現在權力完全屬於立法機構，總統只能提出法律而不是直接制定法律；第二修正案的重點是承認印尼地區的自治地位，並引入了地區首長的直接選舉以及軍隊和員警職能的分離；第三修正案的重點是成立憲法法院來提供《憲法》依據；第四修正案的重點是刪除了有關最高諮詢委員會的條款。

MPR 在 1999、2000、2001 和 2002 年對於 1945 年《憲法》的修正案遭到了來自許多不同社會和政治背景的人的反對。原因是擔心修正案會將印尼轉變為不適合的聯邦制國家，而危及印尼的統一。然而支持修正案者認為，以 1945 年《憲法》的原始條文，已經出現了兩位獨裁者，如果 1945 年《憲法》沒有修改，威權政府就可能會重新出現。最終 MPR 多數同意修改《憲法》，以使其更加民主而可以應對新的挑戰（Sarsito, 2007）。

第二節 民主化過程

從宣布獨立開始，為了實踐《憲法》的五大基本精神，印尼就展開其民主化過程。首先是蘇卡諾舊秩序（1949-1965），到蘇哈托新秩序（1966-1998），再開啟改革時代至今（1999-）。

壹、蘇卡諾舊秩序

印尼的民主化過程，在 1949 年從荷蘭獨立後，首次經歷了短暫的議會民主時期，然而印尼第一任總統蘇卡諾，面臨著一個新國家的艱鉅治理任務，這個新國家受到過去的創傷以及現在的政治和社會力量衝突的困擾。於是在 1959 年，在國土地理上分散且各方意見分歧的背景下，蘇卡諾建立一個「引導民主」（Guided Democracy）的政治制度，他批評西方自由民主不適合印尼。

蘇卡諾在執政時依賴平衡印尼軍方及印尼共產黨之間的對立來維持權力。然而，到 1965 年，印尼共產黨迅速發展，並在印尼各地擴充基層組織，打破了長久以來的平衡。1965 年 9 月 30 日，印尼共產黨展開「930 運動」，發動政變暗殺了六名印尼軍方的最高統帥。然而隨後，蘇哈托少將動員他的部隊控制了雅加達，迅速逮捕印尼共產黨的領導人，結束這場政變，向全國各地的共產黨發動大清洗，壓制了共產主義勢力在印尼的蔓延。從此，蘇哈托開始掌權，印尼政治進入另一個新時代（Emmers, 2019）。

貳、蘇哈托新秩序

印尼第二任總統蘇哈托在動蕩的 1965 年代成功上臺。他的新秩序政府，其特點是經濟發展和政治穩定，他專制統治印尼 32 年。當國內經濟蓬勃發展時，就是他政權合法性的主要支柱，然而在 1990 年代後期經濟崩潰時，蘇哈托迅速失去了對權力的控制。蘇哈托執政期間，統治所有的武裝部隊，並指派軍人進入國會，以控制立法機構。嚴格控制任何形式的政治參與，限制政黨的數量，並規範它們的活動。蘇哈托成立「高爾卡黨」（Golkar），作為選舉工具來主導議會選舉。

蘇哈托政權雖然反民主，但是「新秩序」強調這是必要之惡，會為印尼帶來經濟進步。但是，當 1997-1998 年亞洲金融危機爆發時，這種

用威權統治取代民主政治的合法性就消失了。印尼是受這場危機打擊最嚴重的國家，從經濟危機滾雪球般地演變為社會和政治危機。它的大部分經濟和社會成就都失敗了，印尼人民決心繼續推動一個新的政府，雅加達變成了一個戰場，蘇哈托很快在政治上被孤立，最後只能辭去總統職務（Bandung, 2016）。

參、改革時代

蘇哈托辭職後，開始了民主化和權力下放的過程，重新改變了印尼的政治，這個新時期被稱為改革時期。民主化的最初幾年，在政治和經濟上動盪不安，這段時期共產生三位總統包括：哈比比（B. J. Habibie，1998 年 5 月至 1999 年 10 月）、瓦希德（Abdurrahman Wahid，1999 年 10 月至 2001 年 7 月）、梅加瓦蒂（Megawati Sukarnoputri，2001 年 7 月至 2004 年 10 月）。哈比比開始開放政治，廢除國家對媒體的控制，並取消《反顛覆法》。在這種新的民主環境中出現了許多政黨，包括伊斯蘭政黨。哈比比還支持就東帝汶的自決問題舉行全民投票（維基百科，2021 年 1 月 20 日）。

2004 年，退休的蘇西洛・尤多約諾將軍（Susilo Bambang Yudhoyono）贏得了該國的第一次直接總統選舉，他以軍人的果斷性格及正直操守，穩定了印尼政治的這一動盪過渡時期。在尤多約諾於 2009 年再次當選後，2014 年佐科威（Joko Widodo）的選舉更進一步鞏固了印尼民主化，因為他是第一位不是來自軍事或政治機構的民選總統，因在第一任內親民與勇於改革的務實政績，2019 年也再度連任，目前印尼政治發展已較穩定，而其民主發展亦受到國際肯定。

對於印尼民主的未來挑戰，佐科威政府主要面對的，有長期的官僚腐敗和保守派伊斯蘭政治運動兩方面。在 2021 年全球民主指數報告中，印尼被評為有瑕疵的民主，其中最嚴重的落後指標就是普遍存在的官僚腐敗現象。另一挑戰則是對伊斯蘭主義聲音的妥協，這是印尼國家

認同的問題，印尼發展成一個大多數爲伊斯蘭教的民主國家，是基於對不同宗教信仰的互相包容，一旦執政者對於極端保守的伊斯蘭主義妥協，而脫離多元化和世俗主義的政治作爲，只爲了選舉利益的政治考量，那麼相對穩定的民主進展就會停滯（Aspinall & Mietzner, 2019; Jeffrey, 2020）。

第三節　國際關係與外交政策

2021 年國際關係，主要是由美、中之間大國競爭主導的一年。印度－太平洋地區是其中的關鍵組成部分，處於這結構變革的時代中，因爲美國和中國之間的競爭日益激烈，美國、澳大利亞和英國一起宣布了一項名爲 AUKUS 的三邊安全夥伴關係，就是爲了應對崛起的中國（Abrams, 2022）。

隨著美中競爭的加劇，這些大國正在爭奪印太地區的影響力。印尼在至關重要的馬六甲海峽和通往澳大利亞的海上通道上占據主導地位。在地緣政治挑戰中，印尼位於非常重要的戰略位置，美、中兩國都希望贏得其支持。而印尼也很清楚自己具有戰略外交優勢，也積極地利用這個優勢來追求自身的國家利益。

壹、外交政策的原則

印尼在 1945 年宣布脫離荷蘭獨立後，在蘇卡諾總統領導下採取了反帝國主義立場，其外交政策一直避免在超級大國之間選邊站。印尼是冷戰期間不結盟運動的創始成員，「獨立和積極」的原則是印尼外交政策的基礎。印尼主張外交政策是獨立的，因爲它不要依附在世界大國之下而受其控制或束縛；而外交政策是積極的，因爲印尼在國際問題上不保持被動的立場，而是尋求積極參與解決這些問題。然而，獨立和積極

的外交政策並不是中立的政策，而是有彈性的政策，只要是在為國家利益服務，政策隨時可調整因應變化的局勢（Fealy & White, 2016）。

自總統佐科威上臺以來，印尼與中國的關係不斷發展。目前中國已成為印尼最大的投資國之一，印尼也是中國「一帶一路」的主要亞洲合作夥伴，包括斥資數十億美元新建高速公路、發電廠，以及一條高鐵線路，此外印尼約 80% 的新冠疫苗也來自中國。總統佐科威甚至在電視直播中接受了他的 Sinovac 注射——直播清楚地顯示了標有 Sinovac 的盒子，這是對中國製造的疫苗信任的重要公開展示（Rakhmat & Pashya, 2021）。

然而與中國關係更加密切，並不意味著在大國競爭中選擇了其中一方。事實上，佐科威對外資的歡迎與鼓勵並非僅只針對中國，而是全球的。佐科威務實地願意與任何能夠幫助他實現提振經濟的國家合作。此外，印尼與中國的關係當然也不是毫無衝突。中國的崛起一直令印尼擔憂，特別是中國在其水域的活動，尤其在南海南部的納土納海。近期中國曾要求印尼停止在納土納海開採石油和天然氣，印尼政府則強烈回應這些侵犯主權的行為，儘管承認有必要與中國繼續保持經濟關係（顏建發，2020）。

貳、對AUKUS的外交政策

在印太地區地緣政治摩擦日益加劇的背景下，2021 年 9 月 15 日正式成立的「美英澳三方安全聯盟」，於 11 月 22 日正式簽署首份協議，包含協助澳洲打造核潛艇艦隊。隨後印尼國防部長表示，印尼的官方立場是，東南亞當然應該保持無核狀態，東南亞國家擔心這將引發軍備競賽，「但是每個國家的重點是保護他們的國家利益，我們理解這一點，我們尊重他們」（Lamb, 2021; Darmawan, 2021）。

隨著中國在南海的侵略行動，印尼愈來愈意識到北京構成的威脅，以及美國及其盟國所宣導的自由開放的印太地區之價值。因此印尼

對 AUKUS 的接受或默許應該是一種策略，表示印尼認清一個新的地緣政治現實，就是美國在該地區的存在是平衡中國所必需的。

早於 AUKUS 成立之前，2021 年 6 月美國已經和印尼宣布，美國將資助靠近馬六甲海峽和新加坡海峽具有戰略位置的巴淡島，為印尼海岸警衛隊建造一個新的訓練基地。最近的發展就是 2022 年 2 月印尼宣布與法國達成協議，採購 42 架飆風戰機，緊接著美國也宣布同意出售印尼 36 架 F-15ID 戰鬥機，來提升印尼的維安能力，以及維持印太地區的政治局勢穩定。這一致性的政策，就是美國加強印尼存在的跡象，以對抗中國在東南亞日益增長的影響力（Syailendra & Sebastian, 2021；楊幼蘭，2022 年 2 月 11 日）。

美、中之間持續的競爭使印尼處於困境。但由於印尼在印太地區享有重要的戰略地位，因此可以施展其獨立和積極外交原則，印尼很清楚軍事上無法單獨對抗中國，它需要美國的介入，所以印尼有絕對的動機來採取「經濟靠中共，安全靠美國」的平衡外交政策。

參、結語

印尼憲政發展過程，在蘇哈托 1988 年威權政府倒臺之後，展現出蓬勃發展的民主改革，然而不像同時期的臺灣與韓國，都順利從非民主國家成功過渡到民主國家，在經過三十年之後，印尼政治所展現出來的實際行為，仍不能稱為完全的民主，當然民主本身就是一種持續追求公平公正的過程，國家的民主化有可能進兩步退一步。

認同對社會團結當然重要，然而國家認同也是雙面刃，如果是以種族宗教為基礎，那麼對非主流種族或宗教就會產生極大的壓力。但如果是認同民主化的基本信念，那麼國家的團結就相對比較能夠永續發展，而變成完全民主。印尼民主化過程當中，政治菁英即使希望能夠變成完全民主的國家，但他們為了政治利益的考量，一定程度也不得不訴諸種

族或是宗教信仰來爭取選票。不論如何，印尼民主化的過程是在進步中，我們也期待未來，他們的政治菁英還有群眾能夠共同合作來深化民主，讓印尼多元文化的社會中不同族群，都能夠和平共存。

　　美中競爭的印太地區國際關係之下，美國認爲印尼是一個愈來愈重要的經濟和安全夥伴，必須爭取來與中國對抗。而中國同樣也試圖加強與印尼的友好關係，來確保獲得印尼的資源，並利用印尼作爲牽制澳大利亞的戰略角色。就其本身而言，印尼傳統上奉行不結盟的外交政策，以避免激怒美國或中國，同時從兩者中獲益。清楚認知到它在美中競爭時代享有的戰略地位，印尼正發揮其與兩個超級大國之間的現有潛力，以維護其長期利益和主權。換句話說，印尼正試圖在與兩個超級大國的關係中創造更大的平衡，來實踐其本身自由和積極的外交政策。

參考文獻

1. 楊幼蘭（2022），〈和飆風拚了，美願賣印尼36架F-15EX搶3,870億大單〉，中時新聞網，取自網址：https://www.chinatimes.com/realtimenews/20220211001913-260417?chdtv。

2. 維基百科（2021），〈印度尼西亞《憲法》〉，取自網址：https://zh.wikipedia.org/wiki/%E5%8D%B0%E5%BA%A6%E5%B0%BC%E8%A5%BF%E4%BA%9E%E6%86%B2%E6%B3%95。

3. 維基百科（2021），〈印度尼西亞政府〉，取自網址：https://zh.wikipedia.org/wiki/%E5%8D%B0%E5%BA%A6%E5%B0%BC%E8%A5%BF%E4%BA%9E%E6%94%BF%E5%BA%9C。

4. 維基百科（2021），〈建國五項原則〉，取自網址：https://zh.wikipedia.org/wiki/%E5%BB%BA%E5%9B%BD%E4%BA%94%E9%A1%B9%E5%8E%9F%E5%88%99。

5. 維基百科（2022），〈民主指數〉，取自網址：https://zh.wikipedia. org/wiki/%E6%B0%91%E4%B8%BB%E6%8C%87%E6%95%B0。

6. 維基百科（2022），〈印度尼西亞歷史〉，取自網址：https:// zh.wikipedia.org/wiki/%E5%8D%B0%E5%BA%A6%E5%B0%BC%E8% A5%BF%E4%BA%9A%E5%8E%86%E5%8F%B2。

7. 顏建發（2022），〈美中關係日緊，印尼中立的避險策略能維持多 久？〉，自由評論網，取自網址：https://talk.ltn.com.tw/article/break-ingnews/1681074。

8. Abrams, A. B. (2022). US to boost strategic partnership with Indonesia amid China rivalry. Retrieved from Benar News Web site: https://www. benarnews.org/english/news/indonesian/us-indonesia-boost-relations-france-11022021152228.html.

9. Aspinall, E. & Mietzner, M. (2019). Southeast Asia's Troubling Elections: Nondemocratic Pluralism in Indonesia. *Journal of Democracy*, *30*(4), 104-118.

10. Bandung, F. F. P. (2016). Consolidating Indonesia's deteriorating democracy. Retrieved from East Asia Form Web site: https://www.eastasiaforum. org/2021/06/12/consolidating-indonesia-deteriorating-democracy/.

11. Darmawan, A. R. (2021). AUKUS adds fuel to the South China Sea dispute. Retrieved from East Asia Form Web site: https://www.eastasiaforum. org/2021/11/01/aukus-adds-fuel-to-the-south-china-sea-dispute/.

12. Emmers, R. (2019). Democratization, National Identity and Indonesia's Foreign Policy. Retrieved from The ASAN Forum Web site: https://theasan-forum.org/democratization-national-identity-and-indonesias-foreign-policy/.

13. Fealy, G. & White, H. (2016). Indonesia's 'Great Power' Aspirations. *Asia & the Pacific Policy Studies*. *1*(3), 92-100.

14. Jeffrey, S. (2020). Is Indonesia Becoming a Two-Tier Democracy? Retrieved from Carnegie Endowment for International Peace Web site: https://carnegieendowment.org/2020/01/23/is-indonesia-becoming-two-tier-democracy-pub-80876.

15. Lamb, K. (2021). Indonesia's defense minister says 'understands, respects' AUKUS pact. Retrieved from Reuters Web site: https://www.reuters.com/world/asia-pacific/indonesias-defence-minister-says-understands-respects-aukus-pact-2021-11-22/.

16. Rakhmat, Z. M. & Pashya, M. H. (2021). Indonesia's Delicate Dance between China and the US. Retrieved from The Diplomat Web site: https://thediplomat.com/2021/07/indonesias-delicate-dance-between-china-and-the-us/.

17. Sarsito, T. (2007). The Indonesian Constitution 1945: Why was it amended? *Journal of International Studies*. Volume *3*. 78-91.

18. Syailendra, E. A. & Sebastian, L. C. (2021). The Unspoken: Indonesia Navigates Great Power Rivalry. Retrieved from RSIS Web site: https://www.rsis.edu.sg/rsis-publication/idss/ip21007-the-unspoken-indonesia-navigates-great-power-rivalry/#.Yg7MkOhBy4R.

Chapter 2

印尼的教育

許純碩[*]

[*]　美國斯伯丁大學教育博士，現任環球科技大學企業管理系副教授。

第一節　印尼的教育制度

　　印尼的教育分為三個歷史時期：(1) 宗教統治教育時期：約 100-1522 年，印度教、佛教及伊斯蘭教學校占統治地位；(2) 教育殖民地化時期：1522-1945 年，葡萄牙、西班牙、荷蘭、英國及日本先後入侵，迫使教育殖民地化；(3) 民族教育改革時期：1945 年 8 月宣布獨立，經四年半的獨立戰爭，1949 年 12 月得到荷蘭承認，以後進行一系列教育改革，建立民族教育制度，教育取得長足發展（中文百科全書，1991）。

壹、印尼的教育政策

　　印尼早期受荷蘭東印度公司（Vereenigde Oost-Indische Compagine, VOC）殖民統治，於 1945 年宣布獨立。1951 年倡導「求同存異」的國家格言，即在建立「印尼民族」的同時，也尊重並保留各民族的存在與差異。其推廣的方法見諸於國父蘇卡諾於印尼獨立之前所提出的五項建國原則「Pancasila」（謝尚伯，2017）。

　　「Pancasila」這五項建國的基本原則，源自於國家和人民的基本思想：(1) 信仰上帝；(2) 民族主義；(3) 民主；(4) 人道主義；(5) 社會正義。從小學到大學一貫的教育政策，要求全體公民依照本國國策積極實踐宗教、道德、禮儀等信念的教育（櫻田弘道，2015）。

貳、印尼的教育行政系統

一、全國教育行政系統

　　印尼的學校主要是由教育文化部與宗教部所管轄：教育文化部管轄的一般學校，印尼語稱「史可拉」；宗教部管轄的伊斯蘭教學校，印尼語稱「瑪德拉薩」。這種類似雙軌的制度是印尼教育的特色（楊思偉，2000）。

而教育文化部主要編制有 6 個機構，分別是：

1. 全國總教育祕書處，負責部長職責內的日常事務。

2. 全國總教育視察團，負責調查研究全國教育現狀和問題。

3. 全國教育發展總局，負責教育計畫、發展方案及教育評價。

4. 全國教育總理事會，負責各級各類中小學教育與大學教育的行政管理。

5. 全國青年與體育運動總理事會，負責各種非正規教育的行政事務。

6. 全國文化總理事會，負責文藝活動及科技教育（百度百科，2021）。

二、省級教育行政系統

省級教育設有省政府首長直屬教育辦公室、省教育文化部省級代表辦公室，及大學／高等院校／師範教育機構，其組成人員及職責歸納如表 1：

表 1　省級教育行政系統

機構名稱	組成人員	職責
省教育文化部省級代表辦公室	省級代表辦公室擁有眾多視導員。	管理省立一般學校，視察學前教育、小學教育、普通初中與職業初中教育等。視察小學的考試與課程。
省政府首長直屬教育辦公室	首長及辦事員若干人。	提供學校各種教學設備與發放小學教師薪資。
大學／高等院校／師範教育機構（由國家的教育文化部直接領導）	各級教育行政機構都設有專職的視導人員。	分別視導學校教育。

資料來源：百度百科（2021）。

參、印尼的教育學制

一、教育學制

印尼的學校制度採用「六三三四制」（楊思偉，2000），又有「2、6、3、3、4」之說：學前教育（幼稚園）2 年，初等教育（小學）6 年，中等教育 3 年（分爲普通初中／職業初中），普通高中／職業高中 3 年，高等教育（高等院校學制）4 年（楊思偉，2000）。

印尼的課程於 1989 年由《國家教育系統法》所頒布。教育分普通學校和伊斯蘭宗教學校兩類，包括學前教育、初等教育、中等教育和高等教育（見圖 1）。學前教育未列入教育體系，入學年齡也未明確規定，幼稚園多爲私立。初等教育是由國家免費提供的義務教育。中等教育分爲普通教育和職業教育兩類。（獨立行政法人／大學評價／學位授予機構，2015；東盟網，2014；日本外務省，Ministry of Foreign Affairs of Japan, 2022）

日本外務省，Ministry of Foreign Affairs of Japan（2022）將印尼的教育學制（普通學校和伊斯蘭學校）時程依修業年限歸納如圖 1。

二、學制及代號

在一般學校系統，各階段取其第一個字，如表 2，不同權責機關轄下的學制及代號：國民小學稱爲 SD（基礎學校），國民中學稱爲 SMP（初級階段中等學校），高級中學稱爲 SMA（上級階段中等學校），而伊斯蘭教學校系統則稱爲初級學校（MI）、中級學校（MT）及上級學校（MA/SMK）（楊思偉，2000；謝尙伯，2017）。

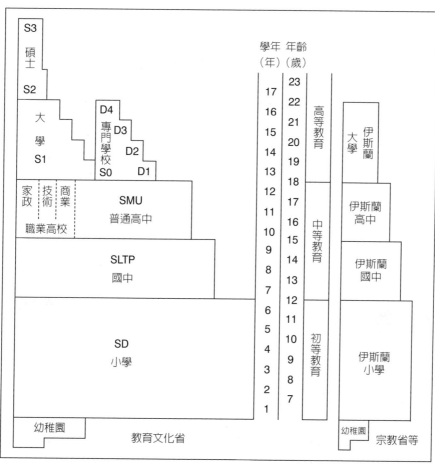

圖 1　普通學校和伊斯蘭學校制度

資料來源：日本外務省，Ministry of Foreign Affairs of Japan（2022）。

表 2　不同權責機關轄下的學制及代號

權責機關	教育暨文化部	宗教事務部	
類別	一般小學	伊斯蘭學校	
義務教育	國民小學（SD）	初級小學／國小（MI）	
	國民中學（SMP）	中級學校／國中（MT）	
非義務教育	高級中學（SMA）	上級中學（MA）	上級職校（SMK）

資料來源：楊思偉（2000）；謝尚伯（2017）。

Kenhappy（2021）將印尼一般學校系統上的學歷代號與教育背景，歸納如表 3：

表3　印尼畢業學歷代號及名稱

代號	英文名稱	中文名稱
TK	Taman Kanak-Kanak	幼稚園
SD	Sekolah Dasar	小學畢業
SMP	Sekolah Menengah Pertama	中學畢業
SMU/ SMA	Sekolah Menengah Umum/ Sekolah Menengah Atas	普通高中畢業
SMK	Sekolah Menengah Kejuruan	高等專門學校畢業
STM	Sekolah Teknologi Menengah	工業高等學校 也是 SMK 的一種
D1	Diploma 1	1 年制專門學校畢業
D2	Diploma 2	短期大學或者 2 年制專門學校畢業
D3	Diploma 3	3 年制專門學校畢業
S1	Sarjana 1	4 年制大學學士畢業
S2	Sarjana 2	碩士畢業
S3	Sarjana 3	博士畢業

資料來源：Kenhappy（2021）。

三、學科

　　1984 年前，高中分爲社會科學科、自然科學科、語文科。1984 年改革後取消分科。職業技術教育包括六年制的職業中學和技術中學、三年制的中等專業學校。高等教育包括綜合性大學、多科工業大學、專業性學院和單科高等學院等，分專科、本科、碩士和博士研究生 4 個階層。學習年限爲：專科 1-2 年，本科 3-4 年，研究生 2-4 年（中文百科

全書，2021）。

四、普通學校和伊斯蘭學校

伊斯蘭教學校被稱爲 Madrasa（伊斯蘭學校）和 Pesantren（伊斯蘭寄宿學校），它們提供符合伊斯蘭思想和傳統的教育，隸屬於印尼教育文化部以及宗教部。此前，普通學校和伊斯蘭學校的課程中宗教和普通（非宗教）科目的比例是不同的。然而自 2004 年課程改革以來，普通學校的課程與伊斯蘭學校的課程彼此之間的區隔已變得模糊（高橋優里，2021）。印尼的高中又分爲一般高中（SMA）和高職（SMK）兩大類。觀光、廚藝等高職、高工學校的學生，畢業後選擇就業的比起進入大學就讀的學生占大多數（インドネシア總合研究所，2019）。

五、各級學校校數

圖 2 顯示了 2019 年與 2020 年印尼各級學校數量，其中小學的校數是最多的。從 2019 到 2020 的增幅來看，中學的增幅最大。此外，所有學校的校數都有顯著增加（インドネシアの教育統計，2020）。

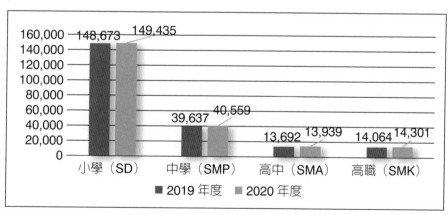

圖 2　2019 年與 2020 年印尼各級學校數

資料來源：インドネシア總合研究所（2020）。

六、公立學校與私立學校

　　印尼有公立和私立學校之分，伊斯蘭學校亦有公立和私立學校之別，提供了從學前教育到高等教育的體制。此外，學生不僅可以依據學校的教育政策，還可以根據個人意願、工作地點、家庭居住地及宗教信仰來選擇就讀的學校（高橋優里，2021；インドネシア綜合研究所，2020）

　　根據圖3 インドネシア綜合研究所的教育統計資料顯示：中學以下的公立學校多於私立學校，其中印尼的公立小學占88%、私立小學占12%；公立中學占58%、私立中學占42%。相反的，高中以上私立學校多於公立學校，私立高中占51%、公立高中占49%；私立高職占75%、公立高職占25%。

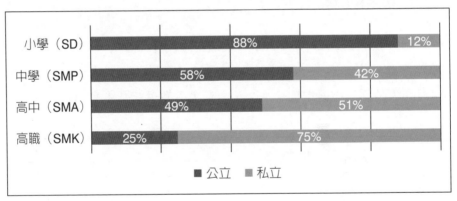

圖3　2020年印尼公立學校和私立學校的比例

資料來源：インドネシア綜合研究所（2020）。

七、學期制

　　印尼的學期制：第一學期7-12月；第二學期1-6月。（現地情報UPdateBlog，2021）

肆、教育經費來源及額度

印尼的人口約有 2 億 7,000 萬人，每一年的人口增加率約是過去 5 年間的 1.2%。19 歲以下的人口總數約占總人口 35%，年輕族群占了大多數。2019 年的教育預算是 493 兆印尼盾，占了國家預算的 20%（日本貿易振興機構，2020）。

印尼的教育經費有三個主要來源：國家預算、市政府開支、家長捐獻。中央級、省級和地方級的教育費用透過各方面協商解決；高等教育經費以中央提供爲主；普通教育經費以省和地方提供爲主。政府還允許私人按國家教育政策開辦各級各類學校（百度百科，2021）。

伍、印尼的就學率

2022 年義務教育機構小學（7-12 歲）就學率爲 99.14%、國中（13-15 歲）入學率占 95.08%，義務教育時期的就學率均達九成以上；然而義務教育以後，高中（16-18 歲）就學率明顯下降，只占 71.42%，有 1/3 以上的適齡學生沒有就學；而大學就學率（19-23 歲）更低，只占 24.57%，有 3/4 以上的適齡學生未就學，直接投入職場。當然城鄉的差距、健全者與身障者之間也是就學率高低的另一個因素（KoKoRo ToMo, 2022）。

表 4　2022 年印尼的就學率

年齡	7-12 歲	13-15 歲	16-18 歲	19-23 歲
百分比	99.14%	95.08%	71.42%	24.57%

資料來源：KoKoRo ToMo（2022）。インドネシア教育事情。国際協力。インドネシア共和国のスローガン。

　　根據圖 4 インドネシア總合研究所的教育統計資料顯示：小學至高中的男女比例相差不遠，小學男性的就學率占 52%、女性占 48%；中學男性占 51%、女性占 49%；但是就讀高中和高職的男女性比例有顯著的差異，高中男性占 45%、女性占 55%，就讀高中的女性多於男性；而高職男性占 58%、女性占 42%，就讀高職的男性多於女性，顯示印尼的男性學生選擇職業教育的比例格外明顯。

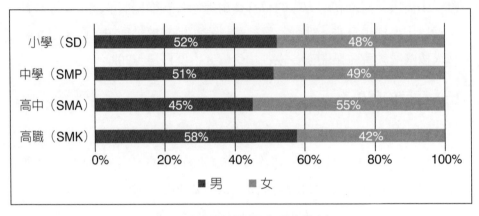

圖 4　各級學校別男女學生比例

資料來源：インドネシア總合研究所（2020）。

陸、印尼各學制的晉級、畢業考試（統一國家考試）

　　在印度的學制中，小學、中學及高中每年的期末都會統一舉辦全國晉級考試。合格者得以畢業並且晉級，若不合格者，不得畢業（現地情報 UPdateBlog，2021）。

第二節　印尼各級教育概況

壹、初等教育

印尼的初等教育為 6 年，每位學齡兒童必須於國小（Sekolah Dasar, SD）就讀 6 年，再進入國中（Sekolah Menengah Pertama, SMP）就讀 3 年。學生可透過考試於高中（Sekolah Menengah Atas, SMA）或高職（Sekolah Menengah Kejuruan, SMK）繼續就讀（謝尚伯，2017）。

印尼的義務教育為小學 6 年，SD 和伊斯蘭教學校等就學率已達近 100%。至於初中部分在 1988 年度升學率為 53.4%，高中升學率為 36.6%，高等教育升學率為 8.5%。小學階段公立學校占絕大多數，而高中以上學校，就讀私立系統者占一半以上（楊思偉，2000）。

根據世界銀行 2019 年的一份報告指出，有 35% 的印尼兒童到了 10 歲時仍然無法閱讀和理解一個簡單的故事，此種情形被世界銀行定義為「學習貧困」，代表學校無法幫助兒童掌握其基本技能，如果缺乏基礎的學習，學生們以後在學校或工作時便往往無法成長。印尼的低收入戶兒童完成 12 年教育的比例，比來自富有家庭的同齡兒童低得多。在最低收入的五分之一人口當中，只有大約 30% 完成完整的 12 年教育；而在最高收入的五分之一人口當中，完成率則約占 70%（教育部電子報，2019）。

貳、初中和高中

中學教育分為 3 年的初中教育和 3 年的高中教育。初中教育從 1994 年開始納入基礎教育，成為義務教育（爭取到 2003 年全面實施）。但是，這裡的義務教育是法律規定的，對於不讓孩子入學的父母或不開辦學校的地方政府，沒有任何處罰規定（日本外務省，Ministry of Foreign Affairs of Japan，2022）。

中學階段，除普通初中之外，也有職業系統的技術學校和家政中學；高中階段，除了普通高中外，另有職業高中、師資養成學校等三大系統（楊思偉，2000）。

參、技術及職業教育

職業高中分技術（工業、農業）、經濟、家政、工藝及藝能科；師資養成學校則分師範（SPG）、體育師範、特別師範；就讀職業系統者，在初中占總人數的 0.9%，高中階段占 9.8%（楊思偉，2000）。

印尼政府爲了減少失業率，並培育人力資源，從 1997 年開始創立了許多所職業學校。自從世界銀行和亞洲開發銀行在 2006 年開始實施職業教育鞏固工程以後，這些學校在質與量上有所進展（Global business guide Indonesia, 2012）。

根據圖 5 インドネシア総合研究所的教育統計資料顯示：2014 年高中校數比高職校數多出 683 所，但是自 2017 年起高職校數翻轉了高

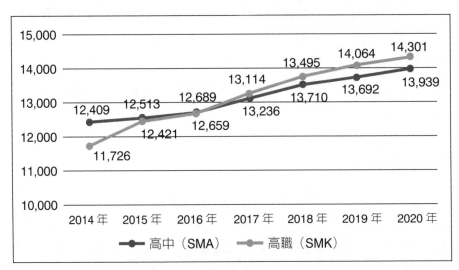

圖 5　印尼高中與高職的校數比較

資料來源：インドネシア総合研究所（2020）。

中校數，直到 2020 年高職校數增加到 14,301 校，而高中增加到 13,939 校，高職校數比高中校數明顯多了 362 所，可見近年來印尼對於技術及職業教育的重視。

肆、高等教育

高等教育機構分為兩種：提供學術教育並頒發文憑的大學機構和提供專業和職業教育且僅頒發結業證書的職業教育機構。提供學術教育的大學，最低學習年限為 4 年（舊制為 5 年），畢業生獲得學士學位。進一步透過升讀研究所，可以獲得碩士學位和博士學位（以下簡稱 S1、S2、S3）。另一方面，專業和職業教育根據學習期限分為文憑 1 到 4（以下簡稱 D1、D2、D3、D4，整個文憑課程簡稱 SO）（日本外務省，Ministry of Foreign Affairs of Japan，2022）。

印尼有五種高等教育機構，分別是研究所（Institut）、大學（Universitas）、學院（Akademi）、高等學校（Sekolah Tinggi）和理工學院（Politeknik），還有一所開放式大學（空中大學），其基本目的是為那些沒有進入大學 / 研究所的高中畢業生提供便利，或者幫助全職工作者獲得高等教育。基本上，這所開放式大學是印尼政府承認的遠程教育提供者（亞洲大學印尼泗水臺灣教育中心，2021；楊思偉，2000）。

教師養成部分，小學教師由 3 年制中等師範學校 SPG 培養；中學以上師資則由高等師範院校 IKIP 或綜合大學教育學部及教育學程培育。伊斯蘭教初級學校的師資由相當於高中的宗教師範學校 PGA 培育，中級學校以上則在國立伊斯蘭教專門大學 IAIN 培育；而一般學校的宗教課程也在上述宗教師範或伊斯蘭教大學培育。教育行政部門專設社區教育培訓中心來完成掃盲教育、成人教育的任務（楊思偉，2000；百度百科，2021）。

有關於教師學位，印尼教育部 2007 年第 16 號條例規定，擔任教師

至少須具有學士學位（S1）或高中畢業後完成 4 年（D4）專業教育的人方爲合適，但是，從各個教育機構可以看出，只有小學教師才被認爲具有適當學位的教師比例，卻也還沒有達到 90%（インドネシア總合研究所，2019）。

在印尼，大學院校的數量，特別是私立機構，在過去的十年裡已顯著增加。直到目前爲止，印尼的私立大學已經達到了 3,000 所，而公立大學則達到 130 所。印尼的教育中心都集中在爪哇島，即首都雅加達、日惹以及萬隆。公立大學仍然被視爲最有聲望的教育機構，所以申請入學人數大大超出學府所能容納的空間，只有 20% 的報考人數能被錄取（Global, 2021）。

第三節　印尼的教育變革

壹、國家政策大綱

1993 年 3 月公布的「國家政策憲章」在 1945 年《憲法》基本原則的基礎上，描述了 Pancasila「五項國家原則」和國民教育的理想狀態，並列出了未來需要解決的首要問題：

1. 實施九年義務教育。
2. 教育機會均等化。
3. 增加職業機會和提高質量。

此外，教育領域的發展應與其他領域的發展協調合作，從人力資源的角度出發，特別是與產業和國家的合作關係，加強與勞動力計畫的合作（日本外務省，Ministry of Foreign Affairs of Japan, 1999）。

貳、第二個25年計畫（1994/95-2018/19年）

根據國家政策憲章的基本原則，第二個25年計畫設定了以下目標：

1. 實現九年義務教育：本計畫是依據1996年總統令修改而成，將完成目標年分縮短了5年。此外，還將提高高中和大學教育階段的入學率。

2. 提高教師素質：預期80%的小學教師至少具有D2資格，初中和高中教師具有最低S1資格，高等教育機構之教師具有S2和S3資格。

3. 掃除文盲問題：到最後一年澈底消除文盲問題（日本外務省，Ministry of Foreign Affairs of Japan, 1999）。

參、六個5年國家發展計畫（1994/95-1998/99年）

根據第二個25年計畫的目標，訂定了表5六個5年國家發展計畫各教育階段的目標值中，每個教育階段的毛入學率，以分配公平的教育機會。這些數字是基於小學入學率將在目標年基本完成的預測，這意味著小學畢業生人數將逐漸增加，初中錄取能力有所提升（日本外務省，Ministry of Foreign Affairs of Japan, 1999）。

表5　六個5年國家發展計畫各教育階段的目標值

教育階段	達成值（1993/94年）（%）	目標值（1998/99年）（%）
初等教育	109.9	114.9
前期中等教育	52.7	66.2
後期中等教育	33.2	40.5
高等教育	10.5	12.8

資料來源：日本外務省，Ministry of Foreign Affairs of Japan（1999），參照：REPLI-TA VI Indonesia's Six Five Year Development Plan（1994/95-1998/99）。

肆、擴大理工學院並新建155所學校作為未來的計畫

印尼工程人力發展規劃研究報告指出：國際合作署於 1996 年發布，因技術人員的短缺可能是一條下坡路，印尼未來經濟發展的中級工程師－職業工程師所扮演的角色格外重要。印尼專家普遍認為在高等教育發展中，長期發展職業工程師的培訓是非常重要的。由於經濟形勢吃緊，公立大學的增幅不會那麼多，只會加強理工科。此外，高等教育總局計畫在現有 26 所學校的基礎上，到 2020 年擴大理工學院並新建 155 所學校。（日本外務省，Ministry of Foreign Affairs of Japan, 1999）。

伍、培養優秀師資的人力資源計畫

印尼發表了遠大的教育計畫，但卻嚴重缺乏優秀的師資。總統佐科威宣布了大膽的人力資源計畫，但該國需要的是提高教學質量，而不是提高支出。總統在國情諮詢中概述了未來提升印尼人力資本的願景，他相信人力資本是在激烈的國際競爭環境中取勝的關鍵，且敦促該國緊急考慮人力資源在創新中的作用，特別是在科技領域（林齊薇、吳季昀，2020）。

陸、教育經費預算必須達到年總預算的20%以上

印尼《憲法》有明文規定，教育的預算必須達到年總預算的 20%以上，因此在 2017 年的預算計畫書中，教育的預算總金額高達印尼盾 400 兆（相當於 9,200 億臺幣），比例甚至高過總統佐科威念茲在茲的基礎建設項目，成為印尼一直到 2030 年所有施政中，重中之重的項目，其重要性可見一斑（吳英傑，2021）。

柒、透過學習自由政策，改變印尼教育及改善印尼教育體系

　　教育、文化、研究和科技部部長納迪恩（Nadiem Makarim）在 2021 年 5 月 20 日主持國家教育日線上儀式時表示，將透過學習自由政策的變革，繼續改善印尼的教育。他希望印尼的所有學生都能學習印尼教育的先驅——基・哈查爾・德宛達拉（Ki Hajar Dewantara）所傳遞的價值觀，包括堅守建國五項原則的哲學，並能夠滿懷信心地面對未來。印尼教育和文化部不斷透過各種突破性的「學習自由」政策，繼續改變印尼教育及改善印尼教育體系。文教部迄今已經啓動了十項「學習自由」政策，未來將繼續以下四項努力，包括：(1) 改善基礎設施和技術；(2) 改進政策、程序和資金，並賦予教育部門更大的自主權；(3) 改善領導力、社會和文化；(4) 改進課程、教學法和學習的評估方式（教育部電子報，2021）。

參考文獻

1. 中文百科全書（1991），〈印度尼西亞教育制度〉，取自網址：https://www.newton.com.tw/wiki/%E5%8D%B0%E5%BA%A6%E5%B0%BC%E8%A5%BF%E4%BA%9E%E6%95%99%E8%82%B2%E5%88%B6%E5%BA%A6。

2. 印尼文教部（2020），〈印尼推動「學習自由」進行國家教育改革〉，教育部電子報，取自網址：https://epaper.edu.tw/windows.aspx?windows_sn=23457。

3. 百度百科（2021），〈印度尼西亞教育〉，取自網址：baike.baidu.com/item/印尼教育。

4. 吳英傑（2021），〈教育，改變印尼的大計畫〉，獨立評論@天下，取自網址：https://opinion.cw.com.tw/blog/profile/403/article/5418。

5. 東盟網（2014），〈印度尼西亞教育〉，壹讀，取自網址：https://read01.com/J2EOLJ.html#.YbXogb1ByUk。

6. 教育部電子報（2019），〈印尼入學率上升，但教育成果仍低〉，教育部電子報～國際視窗，899期，取自網址：https://epaper.edu.tw/windows.aspx?windows_sn=22902。

7. 教育部電子報（2021），〈印尼教育和文化部慶祝國家教育日〉，教育部電子報～國際視窗，973期，取自網址：http://cc.bingj.com/cache.aspx?q=%e5%8d%b0%e5%b0%bc%e5%95%99%e8%82%b2+%e5%95%9f%e5%8b%95%e5%8d%81%e9%a0%85%e5%ad%b8%e7%bf%92%e8%87%aa%e7%94%b1%e6%94%bf%e7%ad%96&d=47281792-84980968&mkt=zh-TW&setlang=zh-TW&w=8ZkEPMZUk9pmlPzZ7wheWph906VruTOX。

8. 楊思偉（2000），〈印尼學校制度〉，《教育大辭書》，取自網址：https://pedia.cloud.edu.tw/Entry/Detail/?title=%E5%8D%B0%E5%B0%BC%E5%AD%B8%E6%A0%A1%E5%88%B6%E5%BA%A6。

9. 謝尚伯（2017），〈印尼的民族教育體制〉，原教界，76，全球視野看民族，取自網址：https://alcd-web.s3-ap-northeast-1.amazonaws.com/uploads/2017/12/14/31bf4d553476622eea3bd73727d7be76.pdf。

10. Global business guide Indonesia（2012），〈印尼的教育體系：概要〉，印尼教育|GBG，取自網址：http://www.gbgindonesia.com/zh-cn/education/article/2011/education_in_indonesia_overview.php。

11. Global business guide Indonesia（2021），〈確保高等教育重質不重量〉，取自網址：http://www.gbgindonesia.com/zh-cn/education/article/2011/ensuring_quality_over_quantity_in_higher_education.php。

12. JETRO（2020），〈インドネシア教育（EdTech）産業調査〉，取自網址：https://www.jetro.go.jp/ext_images/_Reports/02/2020/f761fc47dc4920d6/202012_2.pdf。

13. Kenhappy（2021），〈インドネシアの教育制度について〉，取自網址：https://note.com/kuzu0928/n/naa5861cf3181。

14. Ministry of Foreign Affairs of Japan（1999），〈インドネシアにおける教育 人材開発の現状と改革の動向〉，取自網址：https://www.mofa.go.jp/mofaj/gaiko/oda/shiryo/hyouka/kunibetu/gai/h11gai/h11gai019.html。

15. インドネシア総合研究所（2019），〈インドネシアの教育事情〉，取自網址：https://www.indonesiasoken.com/news/column-kyoikujijyo/。

16. インドネシア総合研究所の教育統計（2020），取自網址：https://www.indonesiasoken.com/news/column-schooling/。

17. 現地情報UPdateBlog（2021），〈インドネシアの教育制度とは？〉，取自網址：https://my55update.com/indonesia-school-system/。

18. 高橋優里（2021），〈インドネシアの義務教育のシステムとはグローバル〉，取自網址：https://hrnote.jp/contents/global/education200916/。

19. 日本貿易振興機構（2020），〈インドネシア教育（EdTech）産業調査〉，取自網址：https://www.jetro.go.jp/ext_images/_Reports/02/2020/f761fc47dc4920d6/202012_2.pdf。

20. 櫻田弘道（2015），〈インドネシアにおける教育の現状と課題〉，取自網址：https://www.u-gakugei.ac.jp/~kokuse/pub/report/ee7a6ace-55155853f1700ecc01ae4405421b4714.pdf。

21. 獨立行政法人／大學評價／學位授予機構（2015），〈インドネシア高等教育の質保証〉，取自網址：http://www.niad.ac.jp/n_kokusai/info/indonesia/no17_BriefingonIndonesiaQAinHE%28JPN%29_protected.pdf。

Chapter *3*

印尼的藝術與文化

許淑婷[*]

[*]　美國斯伯丁大學教育博士，現任環球科技大學通識教育中心副教授。

第一節　印尼音樂文化

壹、印尼甘美朗音樂

甘美朗（Gamelan）是印度尼西亞歷史最悠久的一種民族音樂，又以峇里島及爪哇島的甘美朗合奏最著名。甘美朗音樂有個傳說故事，印尼人相信每個樂器裡，都有神靈居住，音樂可以保佑國家平安，更能帶給人類安康和樂，所以普遍流傳演出，現今已是印尼音樂的代表。一個甘美朗樂團裡，大部分的敲擊樂器由銅片製成，每個銅片有不同音高，製造樂器的師傅們在確定音高時，主要是憑靠自己的聽覺或透過演奏來判斷音高是否正確；因此甘美朗銅製樂器的一大特點，就是沒有音高絕對相同的兩件樂器。甘美朗除了成為印尼的宮廷和宗教音樂，也對二十世紀的西方音樂影響很大（Richard, 2005）。

「甘美朗」來自印尼的爪哇語「Gambel」，原意指的是「敲、打、抓」（強調是打擊樂器）。在印尼語裡，「Gamelan」就是「敲打」的意思；它的獨特，在於它是以打擊樂器為主的樂團。甘美朗音樂出現於十六世紀印尼受荷蘭統治時期，是一種歷史悠久、人民喜愛的民族音樂演奏形式，也是傳統的印尼鑼鼓合奏樂團的總稱。整個甘美朗樂團裡，可以見到各式各樣不同的樂器如：銅鐵、鑼、鈸、鈴、鼓、笛子、絃樂器及人聲的演出。光是鑼的部分，就有分低、中、高音及橫的、豎的還有手持的不同種類。在印尼的甘美朗中，所使用的音階體系有 Degung（得貢）、Salendro（莎蘭多）、Pelog（佩蘭朵）三種。其中 Degung（得貢）音階在西爪哇非常流行，經常用於歌曲中，演奏形式可以是純器樂的演奏，也可為歌舞表演進行伴奏，所以音樂風格色彩十分豐富與多樣（甘霖霖，2018；溫潔，2013）。

貳、音樂與樂器特色

　　早期在印尼，甘美朗一般是由音樂家演奏，通常只在宗教儀式和各種慶典中使用，具有一定的儀式性，演奏時皆保持嚴肅，認爲每一件樂器都有它的特性，不能跨越，因爲它們象徵著每個神明。後來民眾逐漸加入學習與演奏甘美朗的慶典中，所以它已不再是單純的演出，而配合著舞蹈和皮影戲；在宮廷慶典舞蹈，尤其是皮影戲的表演中，更是不可或缺的配備（溫潔，2013）。另外在音樂中，除了以皮鼓和銅製的敲擊樂器爲主外，有時也會加入其他相同音階組合的樂器來進行演奏。另一種印尼著名古老傳統樂器 Angklung，樂器本身可分爲一組或單一個，在中文有幾個稱呼爲昂格隆、安克隆、竹管樂器、竹筒樂器、搖竹樂器、筒琴、竹豎琴等。

　　印尼所使用的音階排列，與我國傳統的五聲性調式很相近，卻與十二平均律的排列不同，除音高不同外，有些音可以看成是中立音，但這些中立音在鋼琴上卻是無法彈奏的（甘霖霖，2018）。一個組織完善的甘美朗樂團，會將一組組的樂器調成每一個音階，而最常被使用的兩種音階系統，是 Salendro 及 Pelog，同時出現在樂曲裡的比例也較高（劉聖文，2007）。

第二節　印尼音樂與醫療

壹、音樂與宗教儀式

　　印尼是一個文化多元的社會體系，結合了傳統與現代的新興國家；多元而複雜的文化，除了音樂、舞蹈外，宗教、藝術與醫療文化也是如此。世界各地的宗教，都將音樂列爲宗教儀式中的一項功能，宗教一般涵蓋信仰與儀式兩個層面，而音樂則是儀式過程中不可缺少的一部分，主要是以歌頌或讚美神爲目的。而儀式本身就是信仰的具體化呈現，故

宗教也成爲醫療與音樂儀式的仲介（王育雯，2001）。

然而宗教與音樂屬兩種文化的體系，難以避免須從宗教的觀點來看音樂，因爲宗教的音樂觀影響音樂在宗教中所扮演的角色與功能，其次在樂曲的結構、儀式的型態及音樂發展的方向也會有不同的決定（蔡宗德，2005）。這些儀式音樂也成爲世界各地主要宗教儀式的基礎，而在宗教儀式的音樂型態中，亦加入經文念誦成爲心理與生理的一種醫療的形式。

宗教音樂，泛指一切以宗教性歌詞爲內容，也爲禮儀儀式而特別做的音樂，古今中外宗教與音樂是無可脫離的。音樂是一種藝術，超自然產生的文化；而宗教的本質是超自然並非單純形成的文化，念誦經文的風格較肅穆保守，並非一般民眾的唱頌，可以抒發宗教情懷與洗滌心靈（顏綠芬，1997），音樂成爲無形的宇宙力量與治療的能源。

音樂治療，主要採用西方生物醫學（western biomedical）的概念，爲透過音樂來治療人類健康與疾病的一種實用性臨床醫學。有科學的理論基礎，藝術的動力，結構與自然的音樂可以調整精神狀態，以達到精神上的鼓舞與身心和諧、舒緩情緒的醫療效果。音樂治療不以探討音樂與治療的文化環境脈絡爲主軸，而是以有系統的科學方法，透過音樂與聲音的組織，來介入患者與醫療者之間，達到生理、心理、情緒與社會上的健康爲臨床醫療行爲；進而幫助身體在技術性與實用性的心理與生理轉換動能及醫療功能（Bruscia, 1989; Bunt, 1994）。

貳、醫療儀式與器樂功能

世上很多醫療體系或傳統宗教體系，常會藉由樂器或樂曲來達到醫療效果與存在目的，而樂器與音樂在宗教儀式中，已成爲治療儀式的一種功能。在印尼的人們認爲某些樂器聲來自神的祝福，所以能驅鬼、迎神、減輕病人的痛苦；如在印尼極爲普遍的一種巫術宗教儀式，入神舞蹈，一般稱爲賈拉南（Jaranan），主要用於保護、祈福、淨化村落儀式

（蔡宗德，2011）。而在整個宗教儀式中，所使用的伴奏樂器則是肯當（Kendang）鼓、三個昂格隆（Angklung）及主要的樂器吉朵爾（Jidor）低音鼓。音樂是提供入神舞蹈的動力，更能使音樂內容有具體化的表現；甘美朗也在宗教醫療系統的儀式中使用（吳榮順，2005; Lederach & Angela, 2010）。

「巫術」起源於十六世紀馬塔蘭王朝，普遍存在於社會的各個階層，是文化傳統的一部分，長期以來無論在信仰、習俗及人類生命循環的生活中都與巫術系統有所關聯；如蘇門答臘巫師會一邊念誦咒語，一邊演奏提法（Tifa）鼓與肯當的傳統鼓。而咒文是人與神的重要溝通方式，為要配合人的各種生活形式，故有多元的型態與類型，一直都是巫術儀式最必須完成的部分（蔡宗德，2006）。

印尼巫術並非只是一種宗教行為或宗教醫療，而是結合了藝術文化、醫療系統與民俗生活的現象，更是爪哇精神與文化傳統的象徵（蔡宗德，2006）。許多巫術醫療儀式中，巫師會使用不同的器樂功能當作治療的工具，而這些樂器也分別在不同地方使用，所以樂器可說是儀式中最不可或缺的一部分。

參、醫療民族音樂學

印尼為臺灣東南亞近鄰，國土面積有臺灣的五十倍大，人口是臺灣的十倍，全國由一萬七千多個島組成，跟臺灣一樣都曾受荷蘭殖民。伊斯蘭受到當地印度教文化的影響，發展出文化相互調適的變遷現象，所以自然環境的伊斯蘭文化也逐漸為當地人所接納；今日印尼土著各族群，以伊斯蘭為其宗教文化的「大傳統」。印尼已經成為世界最大的伊斯蘭國家，結合了佛教文化、印度教文化體系的基礎，而文化的融合現象，也適度反映在其宗教儀式與音樂文化發展之影響（李思涵，2003；蔡宗德，2005）。

　　醫療民族音樂學整體而言，是在民族音樂學基礎下的分支，結合醫療人類學、音樂治療與民族音樂學的跨領域學術研究，更嘗試研究社會結構、宗教儀式、生態環境等不同文化體系與音樂治療的互動關係。醫療民族音樂學在傳統的伊斯蘭宗教音樂相關研究不多，目前東南亞國家的醫療民族音樂學研究，臺灣較少學者研究，大都集中於印尼與馬來西亞（吳榮順，2005；蔡宗德，2015）。在中國古代，音樂可以調養身體、怡情養性，音樂治療已被視為一種應用的音樂學，主要從音樂自身和音樂的效果上來考慮治療事務，並不建立在任何音樂理論之上。

　　近年來民族音樂學界，也從醫療人類學來關注音樂與治療的相關議題，促使醫療民族音樂學成為日後一門人文藝術與科學的跨學科領域（吳柏元，2010；蔡宗德，2015；Barz, 2002；Koen, 2005；Miller, 2002）。而醫療民族音樂學，除了與音樂治療的認知過程相關外，主要關注在音樂治療中所聯繫的信仰、精神性、社會文化動力等抽象性思維的行為模式。醫療行為本身就是屬於社會文化習俗的一環，與傳統的民俗醫療體系與民族醫學而言，皆有密切的關係，無法脫鉤，而醫療民族音樂學相關的研究發展了六十年以上，還是屬於發展中的領域，卻也慢慢地受到民族音樂學界的重視與研究（張珣，2004；吳柏元，2010；蔡宗德，2015）。

第三節　印尼舞蹈文化

壹、印尼舞蹈起源

　　印尼是一個多民族的國家，約有三百六十多個民族，也是全球人口最多的伊斯蘭教國家，距目前統計已達三千多種印尼原始舞蹈，每個民族都有自己的舞風特性，充分說明印尼的種族和文化多樣性。它的民間舞蹈可追溯到史前部落時代，一開始在印尼群島，當地的舞蹈早有屬於

民族自己的風格，後來因宗教傳入印尼，才出現宗教性儀式舞蹈；而伊斯蘭教是繼佛教和印度教之後的宗教，也開始推動印尼舞蹈的發展（張曉農，2013）。印尼的舞蹈主要是根據它的贊助人分爲幾個面向；如宮廷舞蹈和民間舞蹈兩個流派，而從傳統方面來說又區分爲傳統和現代兩種舞蹈形式。

宗教性儀式舞蹈分布的區域則位於爪哇島與峇里島。峇里島的舞蹈與宗教有密不可分的關係，它的舞蹈敘事性質，也與該地區的戲劇傳統緊密相關，在情節上大多與多元宗教的傳說相關。峇里島的傳統舞蹈包括了手臂、腿和手指的優美動作及面部表情，其次重點在化妝、服裝、道具、面具、布景，甚至一些武術技術。表演者總是穿著色彩鮮豔和高雅的服裝及多樣配件於身，不過舞蹈性質的不同，也會有各種不同服飾呈現。

在印度教傳入峇里島之前，當地村民發明舞蹈儀式來抵禦邪靈。峇里島舞蹈分爲三大類，即：神聖舞蹈（Vali）、半神聖舞蹈（Bebali）和娛樂舞蹈（Balih-Balihan）。儀式舉辦時，在大、小廟會前的廣場來舉行並獻上舞蹈和音樂來款待神明；如婚禮、火葬儀式、家廟典禮、寺廟典禮等。女性舞者演出時，以金色錦緞配件緊裹上身，展現出自豪的曲線，且將自己視同一項「貢品」奉獻給神明，更直接說明舞蹈對峇里島居民而言，並非提供單純的娛樂，而是昇華成一種與神明溝通的管道，所以峇里島的舞蹈文化從未間斷。

這樣的做法是因爲峇里島上的居民不想受輪迴之苦，想要保持靈性進化，不爲「來生」的修行更不得疏忽或怠慢而隨時停止，可說是相當穩固的文化認同感，一直在守護祖先留下的文化遺產。所以印尼至今，有大量的古老民間舞蹈在各大院校廣爲傳授，深受民眾喜愛並供後人研究與推廣。

貳、印尼舞蹈與宗教

　　印尼島上有數不清的寺廟，而當地的居民世世代代傳習各種舞蹈，故最適合跳舞表演的場所大多在廟前的空地。伊斯蘭宗教色彩的生活，特別在舞蹈藝術中得到昇華與藝術的獨特展現，伊斯蘭教舞者在表演舞蹈時變化無窮，用誇張的面部表情，從眼神、手臂、手腕甚至手指和足尖豐富的動作結合，變化為萬般姿態，且每一次移動的動作都獨具意義，以達到人神共鳴的最高藝術境界，這種舞蹈不僅是一種藝術，更有宗教的深遠涵義（楊武，2007；蔣玲，2010），因此印尼屬於伊斯蘭教舞系的國家之一。

　　入神舞蹈是印尼傳統宗教儀式性舞蹈，此舞蹈擁有豐富音樂元素及融合伊斯蘭文化，同時也具有民俗醫療與娛樂觀光的功能，整個演出包括伊斯蘭宗教唱誦、各種爪哇民俗流行音樂型態，音樂涵蓋了傳統印尼甘美朗。樂器通常以敲擊樂器為主，如：銅鼓（Bonang）、三個一組的吊鑼（Gong）、整組的肯當鼓、昂格隆、雙簧類吹管樂器（Slompret）、西方爵士鼓、電子琴等，可說融合與適應了現代社會文化的需求與功能（蔡宗德，2011），故受到老百姓的喜愛並與每個人的重要生活型態相繫在一起。

　　雖然爪哇鄉各團體對於這種入神舞的演出，都有不同的詮釋與衍生出獨有的特性與類型；不過入神舞這種表演藝術，也有著相似的特徵，如表演者使用皮革製或竹編馬匹為道具（蔡宗德，2011）。在以伊斯蘭教為主軸的印尼爪哇島，歷史最悠久的民間表演藝術入神舞蹈，充滿宗教儀式的意涵，更是種非常忘我投入的舞蹈，也是印尼傳統文化中最有特色的一種，對許多印尼人而言已是他們生活豐富的一部分。

參、印尼舞蹈分類

一、印尼爪哇舞

　　印尼舞蹈藝術相當豐富，帶有本國的文化特色和宗教信仰的結合，觀賞者與舞者皆透過舞蹈感悟生命的情感和生活的認識。印尼爪哇舞表演時，講究身體各個部分的「三道彎」，指的是手、腿、手臂、上肢等，動作相當獨特，頭部隨音樂任意擺動，指尖有節律的左右擺動並配合眼睛靈動傳神，隨之擺出的造型都需要沿著弧線呈 S 形路線動作。

　　爪哇舞表演具備傳統色彩的魅力，動作姿態優雅，肢體在直立或半蹲的舞姿中，保持體態婀娜的曲線美，舞蹈動作大多取自對動物的模仿，如大象和鷺鳥。爪哇舞多年來受外來文化的影響，經過世代相傳和藝術家不斷創新，其形式多樣化，已漸漸形成一種動態藝術及民族文化藝術交流的重要紐帶（黃曉明，2012）。

二、印尼峇里舞蹈

　　峇里島的文化資源豐富，島上的雕刻、編織藝術也十分有特色，峇里人的古典舞蹈是印尼民族舞蹈中的一支，具有獨特的地位與多樣性，如有名的巴龍舞、雷貢舞、卡恰舞、桑揚舞、峇里戰士舞、托賓假面具舞蹈等等。峇里居民大部分信奉峇里印度教，所以峇里的舞蹈文化與宗教有著密不可分的關係；如婚禮、家廟典禮、火葬儀式、寺廟典禮等大大小小的宗教儀式，都運用舞蹈和音樂禮拜的方式來款待神明。

　　峇里島當地的女孩子通常從 5 歲開始，就接受嚴格的舞蹈訓練，並注重細緻而華麗的服飾打扮，因為峇里的舞者們非常重視這些傳統舞蹈。峇里島傳統舞蹈，依其展演空間與場合的神聖性分為三類：神聖的儀式舞蹈、具有儀式性的舞蹈、觀賞性舞蹈。峇里人對舞蹈的投入和嚴謹態度，認為這是將舞蹈昇華成與神明溝通的途徑，更相信舞者們要獻

給神明的舞蹈，是一種修行的生活，期望不斷的修行，可以解脫俗世輪迴之苦（汪雨菁，2014）。

（一）巴龍舞

峇里島的主流傳統舞蹈，大概有 6-7 種，表演內容大多以印度神話為依託，因為早先受到印度文化影響，所以最喜聞樂見的當屬巴龍舞。巴龍舞又叫 Barong & Rangda，對於觀賞者而言，這齣戲的特色在於演出時可以輕易地超越語言隔閡，故事描述的是善與惡兩種勢力的均衡與無止境的對抗；峇里島人對善惡的特殊觀點在其「善惡之門」的建築中也可見一斑。整個舞碼由雙人演出，劇中的巴龍（Barong）是善神的化身，如同中國的舞獅，只是頭部樣貌類似北京犬，代表古代善良的動物；而蘭塔（Rangda）是惡神的化身，一頭雜亂的長髮，尖銳而長的指甲，象徵妖法高深如女巫。劇中除了優美的雙人舞蹈之外，也加上武場的演出及部分丑角詼諧的表演，無論是在身段、配樂、服裝、角色扮演以及劇情發展上，都是老少咸宜易懂的舞劇表演，據說它還能為觀者的靈性帶來莫名的提升。

（二）雷貢舞

雷貢舞（Legong）的「Leg」是指「優美靈活的舞蹈動作」，貢（Gong）為音譯（國家教育研究院雙語詞彙）。雷貢舞是一種古典舞蹈，故事源自古老的傳說：拉森（Lasem）王朝的故事。在所有峇里島宮殿中是最經常表演的一種，也最能表現出女性優雅的氣質，是許多舞蹈家鍾愛的舞劇，因此有仙界之舞的美譽。早期在古老的宮廷音樂伴奏下舞蹈，現在已成為印尼舞蹈藝術的饗宴。它是一種精緻的舞蹈形式，強調抽象的肢體動作與語言配合音樂的扭動，有時會讓人摸不著頭緒，不過加上華麗的服飾、複雜的手指動作和面部表情，將多型態的雷貢舞表現得淋漓盡致，也是一種視覺享受。

（三）卡恰舞

印尼語稱之為「Tari Kecak」，是一種宗教儀式，也是峇里印度舞

蹈與音樂劇的結合，在國際上被稱為「羅摩衍猴歌」（Ramayana monkey chant），被認為是印尼最壯觀的傳統表演之一。卡恰舞於 1930 年代，在峇里島發展，自誕生之日起，整個表演主要是由男性表演，之後於 2006 年，第一支女子卡恰舞組合才誕生（李婧慧，2008）。通常約由 150 名舞者圍成圈，整個表演有時連續幾個小時，會持續三到四個月，以處於危險和瘟疫時期驅除邪惡為意涵。早期宗教表演時，不喜歡有觀眾跟攝影，如今卡恰舞的演出已成為印尼地區的一種觀光娛樂表演，但整個舞蹈與音樂結合的表演，並不是用傳統的甘美朗管弦樂隊，取而代之的是類似甘美朗節奏男性合唱團的聲音。

（四）桑揚舞

一種宗教舞蹈，是一項非常獨特且具高超技藝的表演，舞者表演時被認為已受神靈附體，成為傳達神靈訊息的媒介。整個演出，舞者全場舞蹈動作整齊劃一，而眼睛卻是緊閉著的催眠狀態，即使是群舞，也能表現出動作一致的張力及舞出生命。舞蹈演出必須在雨季，必須是兩位十到十二歲的純潔的處女，主要目的在於驅魔避邪來維護全村的幸福與健康，故又名「驅邪舞」。

（五）巴里斯舞／戰士舞（Baris）

巴里斯舞，是傳統戰舞，含意是奉獻給神明，戰士在寺廟慶典中手持武器演出。這種舞蹈通常可以追溯到十九世紀，在 Pemayun 儀式期間進行，為了讚頌男子氣概而誕生。為一種戰鬥型態的儀式舞蹈，最初也是宗教儀式的舞蹈，宗教儀式的巴里斯舞又稱為巴里斯傑地舞（Barie Ged´e）；巴里斯意為一排或一列，及一隊軍士，指的是為峇里國王而戰的戰士（張麗珠，2004）。另外還有三十多種不同類型的儀式巴里斯舞蹈，每種都由一群人表演，都是模仿戰士的動作。

巴里斯舞的故事，是描繪一位年輕戰士在戰鬥前的感受，是展示男子氣概與威嚴的感情舞蹈。在整個表演中，如為戰士的獨舞，在劇中以一系列的獨舞作為序幕之舞劇形式，必須要有對白。舞者需要長期受

嚴格訓練，面部感情表現和聲音表達及控制全身肌肉等能力，須運用自如。戰士舞舞蹈通常在早上進行，緊隨寺廟活動之後演出，舞者表演時只穿著普通的頭飾和衣服，並沒有穿特殊服裝表演，而手持各種武器。這樣的表演被認為是神聖的，主要用於宗教儀式及活動演出。當然還有多種舞蹈團體形式，這些舞蹈皆伴隨著不同類型的音樂、涉及不同的動作。而戰士舞的演出中，所使用的樂器伴奏是甘美朗和鑼樂器，更顯示它的存在與崇高（Bandem, I Made, 1975）。

整個峇里島有兩種主要的巴里斯舞。一種是非儀式舞蹈，由獨舞男舞者表演，舞者頭上戴著用貝殼和花朵裝飾的金色帽盔，肢體動作特別著重於瞪眼、凶狠、震驚、自信的臉部表情，來表現戰士們在戰場上面臨敵人的心境轉折。另一種是神聖儀式舞蹈，儀式性武士舞，是男子的群舞，手持武器（矛、槍或短劍）而舞，相當於神靈的護衛。

（六）托賓舞

又稱為托賓假面舞蹈，根據早期峇里島歷史的記載，關於舞蹈、音樂、皮影戲與「托賓面具」規則的存在。「托賓面具」舞蹈，開始於西元前八世紀，源於古老的「甘布」（Gambu）歷史劇，峇里島戲劇作品本身充滿感染力，戲劇與舞蹈情節也多藉由面具角色呈現故事主題。峇里島的面具主要用於宗教儀式中的舞劇，如托賓舞劇、瓦揚旺舞劇、卡龍那蘭舞劇等，光假面舞的面具種類就多達 30-40 種，面具平常收藏於廟中，每次舞劇要演出前，都需要經過一定的祭祀儀式才能取出使用。純靠肢體動作表現，不仰仗面部表情，對假面舞者而言是項嚴苛的晉級挑戰，這與中國的傳統戲曲有雷同處。相傳十二世紀左右，在南北朝和隋唐樂舞節目中就有「假面歌舞」，這假面具就是臉譜的鼻祖。隨著中國戲曲藝術的發展，戴面具演戲愈來愈不利於演員面部的表演，離戲臺較遠的觀眾往往看不清演員的面部表情，所以拿掉面具改為在臉部直接以白墨及油彩做彩色化妝，也就是所謂的京劇，直接在臉上勾畫，而逐漸產生了臉譜，故能使觀眾在遠處一目了然（蘇桂枝，2003）。

　　爲何由活著的人戴上面具而表演舞蹈呢？峇里島人認爲神靈隱藏於面具中，具有魔力及神性，且每個面具都具有強烈的個人色彩，藉由面具貫穿神性的舞蹈，蘊藏神聖的力量，更相信舞蹈是「面具」在講話，而非穿戴者的表演而已。例如「托賓杜瓦」（Topeng Dua）就稱得上經典的假面舞，因爲同一個表演者，須扮演象徵善的力量的白魔法與象徵邪惡的黑魔法，兩種場景中要迷人、美麗又要呈現詭異、荒誕至極的演出境界，所以如何運用面具來演出，是一項考驗智慧的挑戰與藝術饗宴。

參考文獻

1. 王育雯（2001），〈音樂，身心狀態，與道德性情——由韓國宮廷音樂《壽齊天》的經驗談起〉，2001年中華民國民族音樂學會研討會。

2. 甘霖霖（2018），〈神奇的印尼藝術——甘美蘭〉，《音樂與舞蹈大觀》，86-87。

3. 吳珀元（2010），〈醫療民族音樂學概要〉，《音樂研究》，6，38-44。

4. 吳榮順（2005），〈被發明的傳統？被利用的傳統？：論西藏頌缽與中國大鑼在西方音樂治療中的運用〉，《亞太藝術論壇國際學術研討會論文集》，臺北：國立臺北藝術大學。

5. 李思涵（2003），《東南亞華人史》，臺北：五南圖書有限公司。

6. 李婧慧（2008），〈傳統與創新的層疊——談巴里島克差（Kecak）的發展〉，《關渡音樂學刊》，8，51-76。

7. 汪雨菁（2014），《峇里島Day by Day》，墨刻出版，（7），158-159。

8. 張珣（2004），《疾病與文化：臺灣民間醫療人類學研究論集》，臺北：稻香出版社。

9. 張曉農（2013），《中國——東盟藝術研究》，中國社會科學出版社。

10. 張麗珠（2004），舞蹈辭典舞名。

11. 黃曉明（2012），《東盟藝術》，廣西師範大學出版社。

12. 楊武（2007），《東盟文化與藝術研究》，哈爾濱工程大學出版社。

13. 溫潔（2013），〈淺析打擊樂在不同地區——甘美蘭音樂的特點〉，《黃河之聲》，*19*。

14. 雷貢舞（印尼），國家教育研究院雙語詞彙。

15. 劉建（2005），《宗教與舞蹈》，北京：民族出版社。

16. 劉聖文（2007），〈甘美朗音樂與西方世界的交集〉，MUZIK 雜誌，*11*。

17. 蔡宗德（2005），〈音樂與宗教〉，《音樂與欣賞》，*1*（4），9-14。

18. 蔡宗德（2006），《傳統與現代性：印尼伊斯蘭宗教音樂文化》，臺北：桂冠圖書公司。

19. 蔡宗德（2011），〈爪哇入神舞蹈中的儀式型態、音樂特性與社會功能〉，《南藝學報》，*3*，75-114。

20. 蔡宗德（2015），《音樂、儀式與醫療：印尼爪哇民俗療癒文化與活動》，臺北市：魚籃文化有限公司。

21. 蔣玲（2010），〈舞蹈架起中國——東盟文化藝術交流的橋梁〉，今日南國。

22. 顏綠芬（1997），《音樂欣賞》，華杏出版公司。

23. 蘇桂枝（2003），《國家政策下京劇歌仔戲之發展》，文史哲出版。

24. Bandem, I Made (1975). The Baris Dance. *Ethnomusicology*, vol. 19, no. 2, pp. 259-265.

25. Bunt, L. (1994). *Music Therapy: An Art Beyond Words*. New York: Routledge.

26. Bruscia, K. E. (1989). *Defining Music Therapy*. Spring City, Pennsylvania: Spring House Books.

27. Barz, G. (2002).No One Will Listen to Us Unless We Bring our Drums! AIDS and Women's Music performance in Uganda Jenny Eaton and Kate Etue, eds., *The aWake project: Uniting against the African AIDS Crisis*. Nashville: W. Publishing.

28. Koen, B. D. (2005). Medical Ethnomusicology in the Pamir Mountains: Music and Prayer in Healing. *Ethnomusicology, 49* (2):287-311.

29. Richard, P. (2005). A Gamelan Manual: A Player's Guide to the Central Javanese Gamelan Mas Books, London.

30. Lederach, John Paul and Angela Jill Lederach. (2010). When Blood and Bones Cry Out: Journeys Through the Soundscape of Healing and Reconciliation. Oxford: Oxford University Press.

31. Miller, W. W. (2002). Secularism and the Sacred: Is There Really Something Called "Secular Religion"? Thomas A. Idionopulos and Brian C. Wilson, eds., *Reappraising Durkheim for the Study and Teaching of Religion Today*. Leiden: Brill.

第二篇

經濟與貿易

Chapter *4*

印尼的經濟發展現況與未來展望

許文志[*]

---

[*] 日本明治大學經濟學博士，環球科技大學創辦人，環球科技大學中小企業經營策略管理
研究所講座教授、中華民國全國商業總會首席經濟顧問。

第一節　印尼經濟發展的回顧

印尼是地球上最大的群島國家，地大物博，眾神林立，多姿多彩。地跨赤道兩側，東西橫亙 6,120 公里，南北 1,760 公里。位居太平洋與印度洋間的要衝通道，其海域運量占世界海運總量的三分之一，貿易額五兆美元。印尼扮演亞洲與大洋洲間的橋梁角色，地理位置適中，戰略地位極爲重要。

印尼國土面積 1,904,569 平方公里（約臺灣 53 倍），並有 93,000 平方公里的海峽與海灣等海域，海岸線總長度達 54,716 公里。人口 27,300 餘萬人，人口僅次於中國、印度、美國，是全球第 4 大人口國家，也是東協（ASEAN）十國中，人口最多、國土最大的國家，爲世界第 14 大國。由 17,508 個大小島嶼組成，著名的觀光勝地峇里島（Bali）只是其中之一。

印尼原始的天然資源極爲豐富，原油、原木、礦產、天然氣、天然橡膠、棕櫚油、藤竹等，已成爲全球經濟發展產業重鎮基地。

印尼在荷蘭殖民時期是全世界香料王國〔肉豆蔻皮（Mace）、肉豆蔻（Nutmeg）〕，是大航海時代列強競逐的香料——丁香（Cloves）的原產地。二十世紀初，萬隆出產的金雞納霜（奎寧）占全世界 90%，使印尼瘧疾受到有效控制。礦產更是印尼國寶，產在勿里洞島的錫，成爲印尼 4,000 萬礦工賴以維生、創造經濟發展的原料。勿里洞島上全島產咖啡，咖啡館到處林立，喝咖啡是荷蘭人和印尼錫礦工人辛苦工作之餘，休息時最佳享受的傳統生活習慣。

印尼於 1949 年宣布獨立，雖然政府經濟政策未落實，經濟成長年均 2% 左右。但，在促進國家認同有非凡的成就，國父蘇卡諾治理印尼 22 年（1945-1967 年），將多元文化整合統一，創造國家爲命運共同體的夢想實現，運用建國五原則促使國家團結。

依據 1945 年印尼《憲法》序文記載建國五原則：(1) 信奉眞神；(2)

公道的人道主義；(3) 印尼完全獨立；(4) 實施合議制和代議制爲基礎的民主主義；(5) 全國國民實施社會正義。

印尼人對神的信仰所指對象是伊斯蘭教、基督教、天主教、印度教、佛教（含儒、釋、道教）及物靈信仰。印尼《憲法》明定宗教自由，政府僅承認以上教別。是全世界伊斯蘭教徒最多的國家，信徒占全國總人口數的 87.2%。華人僅占人口總數 1%。

除印尼語定爲官方語言外，全國各地還分布有七百多種地方方言，具多元文化、多元宗教的色彩。

而「殊途同歸，存異求同」與建國五原則的「信奉眞神、人道主義、國家統一、協商民主、社會正義」成爲印尼政府與人民在面對國家認同多元發展時，堅持的原則與共識。因爲印尼人這種良善「富有韌性」才能在遇到各種重大危機時，仍然團結在一起，維持國家穩定，經濟發展快速成長。

印尼於 1966 年 3 月 11 日進入「新秩序」時代，宣布共產黨爲非法政黨。因此，華人受累，印尼政府執行一系列的禁華語、華報、華教與華社等排華措施，對印尼經濟發展造成遲滯。

因此，蘇哈托政權採取對外開放的經濟政策，大力推動經濟建設，吸引外資投入，印尼經濟立竿見影，迅速成長。自傳統產業走向現代化產業，印尼的經濟成長正朝向產業轉型升級，就現今產業結構的變化加以分析，占 GDP 比率於下：

1. 第一級產業：原料農漁產業比占 14%。
2. 第二級產業：初級產品加工製造占 44%。
3. 第三級產業：產品銷售及服務占 40%。
4. 其他產業占 2%。

產業活動初期產品生產與加工爲主要出口產品，如石油、天然氣、煤礦、燃油。金屬礦物：金、銀、銅、錫、鎳等。天然油有橡膠、棕櫚油等。其中，錫和棕櫚油出口占世界第一。銅、鎳及鋁土礦等未加

工原礦都禁止出口。2022 年 1 月將煤礦全面禁止出口。

　　1967-1998 年由蘇哈托接任總統，透過逐漸開放經濟，讓政治更穩定，使國家走向現代化之路。經濟發展從 84.2 億美元，成長到 1998 年的 1,350.8 億美元。消除貧困，大幅提升人民的生活水準。大力推廣農業政策，稻米生產達到自給自足。因此，蘇哈托總統於 1985 年獲得聯合國糧農組織頒授金質獎章。蘇哈托總統在經濟政策上，推動智慧型政治決策，運用國家豐富的石油資源，建設鄉村基礎設施、學校及醫療診所，提升偏鄉教育和醫療水準。大力發展製造業，利用 1980 年代中期低關稅政策和充裕的廉價勞動力，建立印尼成為輕工業產品的輸出大國。因此明顯可見如若沒有當年蘇哈托總統建立的堅實經濟基礎，很難有今天穩定民主政治的印尼社會。2004 年蘇西洛（Susilo）接任總統在位十年，在經濟發展上雖非快速成長，但一直努力在民主政治發展道路上邁進，而後才能逐漸步向平民化的民主政治下經濟發展的大道。

　　印尼是個龐大又複雜的國家，當歷次國家面臨困境危機時，都突出強人領導，前有蘇卡諾統一印尼，中有蘇哈托繁榮印尼，後有蘇西洛鞏固民主的印尼，才能促進印尼經濟持續的發展和成長。1997-1998 年印尼深受亞洲金融風暴影響，造成貨幣貶值，外債依存度極高，國內外企業還債負擔增加，資金循環惡化，金融系統不穩，企業與銀行因而破產倒閉，導致大批勞工失業，民生困苦。之後，企業、銀行部門進行改革整合，才逐漸回復經濟成長。

　　印尼於 2014 年佐科威總統上任時，經濟規模達 8,508 億美元，2007-2014 年經濟成長 GDP 平均 6%，國民所得 GNP 平均達 2,000 美元，到 2014 年人均所得達到 3,400 美元。國內消費市場最暢銷的是摩托車，年銷 8,000 萬臺之多。在此期間，印尼佐科威政府大力支援國營企業的發展，依「國家經濟復興計畫」指定的國營企業，包括電力、建設、鐵道、投資、航空、石油、天然氣等共有 12 家大型公司。經濟發展進入集團化營運，對於微型及中小企業等服務業發展造成不利。

第二節　印尼總統佐科威政府發展經濟的新策略

　　印尼是東協的創始會員國，經濟總量占東協的 40%，號稱東協龍頭老大，在 G20 成員中是唯一東南亞國家。近年來經濟成長（GDP）穩定維持在 4-6% 之間，在 G20 國家中僅次於中國和印度。國土廣大，人口眾多，資源豐富，國際地位與影響力日益受到全球重視。

　　佐科威（Joko Widodo）於 2014 年 10 月 20 日就任總統，積極推動國家經濟基礎建設和民生建設，改善投資環境，開放國內外資金直接投入印尼經濟發展，開放市場，減少政府管控，寬鬆貨幣政策，未設定外匯限制讓外資自由進出，外資約三分之一直接投資印尼產業。多數外資投入股市、匯市及不動產，造成印尼物價高漲，房價飆升等現象。

壹、佐科威政府積極推動印尼中期國家開發計畫，調速基礎建設完成時程，提升國家預算和執行效率

表 1　印尼中期國家開發計畫（2015-2019）

交通建設	1. 新建 193 公里高速公路、1,448 公里主幹道。 2. 擴建 3,258 公里鐵路網。 3. 新建 15 座機場、24 座港灣。
能源建設	1. 建設 35GW 規模的發電廠。 　(1) 屬於民間電力公司：18.2GW。 　(2) 屬於國營電力事業：16.8GW。
其他	1. 規劃將物流成本的 GDP 占比從 24.4% 降至 19.2%。 2. 規劃將寬頻網路覆蓋率從 82% 提升至 100%。

資料來源：印尼投資協調委員會（BKPM）。

　　2015 年 1 月起引入的外來投資，原本必須跨部會審查的繁雜手續，統一集中於新設立的印尼投資協調委員會（BKPM），落實為單一窗口，並降低營利事業所得稅為 17%。計畫於 2020 年使經濟成長率回復

到 6% 的水準。但，因受 COVID-19 疫情之害，天不從人願。

貳、佐科威政府於2020年10月為刺激經濟成長，推動「國家經濟復興計畫」（National Economic Recovery）

表 2　印尼國家經濟復興計畫

項目	2020 年實績 （兆印尼盾＊）	2021 年實績 （兆印尼盾）	前年比 （%）
合計	579.8	744.8	+28
健保	63.5	215.0	+239
社會保險	220.4	187.8	-15
中小微型企業、企業融資	173.2	161.2	-7
水利、電力、交通、資訊	66.6	117.9	+77
鼓勵創業政策	56.1	62.8	+12

＊16,000 印尼盾＝1 美元

資料來源：印尼財務部資料，日本伊藤忠綜合研究所整理。

印尼政府實施國家經濟復興計畫，GDP 比要達到 4.3%。今後 3 年內要撤除《2003 年國家財政法》規定的財政赤字上限，由中央銀行發行給企業或個人直接購買國債的特別措施，中央政府債務餘額上限為 60%。加強經濟活動復活，從財政、金融面支援企業轉型升級回復景氣。印尼政府預訂於 2023 年達成 GDP 3% 以內，減少財政赤字，採取擴大增稅作為改革需求。

參、佐科威政府持續推動改善投資環境的重要策略和具體措施

表 3　印尼改善投資環境的重要策略和具體措施

重要策略	具體措施
簡化投資手續	2015 年 1 月起，將原須跨部會審查的投資案，統一集中由印尼投資協調委員會單一窗口辦理，並將申請許可日程縮短四分之一。

重要策略	具體措施
調降營利事業所得稅	由 2016 年的 25%，2021 年調降至 17.5-17.8%。
實施扣除免稅額	2016 年 6 月對大規模投資及產品出口等企業，以及將在印尼營業利益再投資於印尼當地的企業，施行稅額減免優惠。
開發經濟特區	至 2019 年開發 7 大經濟特區及 15 處工業區。將現有的自由貿易區、經濟特區及工業區進行擴大化。
通關手續便捷化	2015 年 3 月起，於印尼設廠的 5 項企業獲得印尼關稅局認可，以便捷化方式審查出口必要檔案的申請，簡化審查程序及通關手續。

在資源和石油價格下滑，影響印尼 GDP 成長情形下，印尼政府實施兩大財政政策：

1. 限制《財政赤字法》的上限，不能占 GDP 超過 3%，因而財政得到暫時的緩和。

2. 中央銀行財政赤字的財源（金融），由市場競爭自由購買國債來支應國家財政。

因疫情未息，外資流出約 20%，海外投資占印尼 GDP 比例減少。因此，印尼國內加強支援製造業和服務業，改善資金調度，支援政府資金的不足。

肆、佐科威總統第二任期內更積極持續推動「國家經濟復興計畫」，促進經濟成長

佐科威總統在第二任期內，更積極推動「國家經濟復興計畫」，促進經濟成長的具體措施：

一、在開發基礎建設方面

大力整合電力系統和設備，利用地熱發電，開發再生能源，提高發

電效率。尤以天然瓦斯占比最重。推動開發工業區和觀光區的國家重大戰略計畫。至 2024 年將投入 4,000 億美元，其中 80% 必須引導動用民間資金。因而實施《創造就業綜合法》，主要以改善勞動力、改善商業環境、擴大外資投入為目的。同時鬆綁法令限制，促使勞資雙方需求平衡。加強都市基礎建設，充分利用社會資源及開發人力資源。開闢運輸交通、通訊網等科技現代化建設。簡化行政手續，提高行政效率，建立有效能的政府。

二、在改革國營企業方面

以改革經濟為首要，將 142 家國營企業統、廢、合併成 70-80 家為目標。針對經營合理和人事革新能迅速突破困境的國營企業，優先進行改革。現今正在進行統、廢、合併的國營企業共有 107 家，將公司資金調度透明化為重點。範圍涵蓋再生能源。依《巴黎協定》，印尼設定到 2030 年，CO_2 比削減至 29% 為目標。因此，發電總量中利用再生能源比率，到 2025 年要提升到 23%。石油、天然瓦斯等最大型國營企業，特別為地熱發電的國營企業創設股份公司，擴大投資，改善投資環境，增加就業機會。

中央政府為實施「國家經濟復興計畫」編列總預算 695.2 兆印尼盾（占 GDP 4.3%）。該計畫於 2021 年已經達 356.4 兆印尼盾（占 GDP 2.2%），具體支援低所得家庭和醫療設備及社會福利。佐科威政府於 2020 年公布國情咨文揭示 2021 年四大國家經濟發展目標：(1) 加速恢復經濟景氣；(2)改革產業結構，提升競爭力；(3)適應數位化新時代；(4)活化人口動能。

佐科威政府掌控教育與經濟兩大關鍵編列國家預算，效法日本於 1945 年二戰後，為回復景氣，先從教育著手發展經濟，促進經濟成長，至 1964 年日本國力回復到有能力主辦世界奧運，經濟即迅速成長繁榮。2021 年佐科威政府為回復景氣，制定國家戰略計畫，經內閣會

議決定，今後五年擴編國家基礎建設預算，興建道路、橋梁、港灣、機場、工業經濟園區、觀光區、水庫、灌溉設施、地下水道、衛生醫療設備等，總預算達 1,422 兆印尼盾（GDP 8%）的國家投資經濟發展計畫。

　　為籌措國家建設經費，積極吸引外資投入，投資印尼的外資以新加坡為首位，其次是中國和香港，其中經濟基礎建設增加最多。2020 年因疫情影響，日本汽車市場低迷，製造業表現不佳，汽車王國的日本投資印尼僅占 20%。

伍、修訂勞動法，2020年10月制定《創造就業綜合法》（UU Cipta Kerja），2021年8月2日定案

　　《創造就業綜合法》是佐科威總統，從原來與創造就業相關的 2003 年法律第 13 號中，變更修訂成下列 11 項重點的新勞動法。

1. 申請商業特許權的簡速化。
2. 豐富投資條件。
3. 實施《創造就業綜合法》。
4. 保護和扶持中小企業。
5. 協助優勢的企業經營。
6. 支援研究開發，改革創新。
7. 提高行政效率，建設效能政府。
8. 實施違法制裁。
9. 實施土地規劃。
10. 推動政府的投資與開發計畫。
11. 擴大經濟範圍。

　　新的《創造就業綜合法》是從 73 種法規改正，修訂為 15 章 174 條條文構成，其中 163 條是實質的法規。目的為吸引外國直接投資，促進印尼經濟成長，創造雇用（就業工作）機會。本法案在 2020 年 10 月 5 日，政府送國會，尚在協議中，國會突然審查通過，使多數勞工無法接

受，引起大規模抗議遊行活動，後來又增加伊斯蘭教徒介入，放火暴動，員警放射催淚彈並發射水槍噴灌，情勢惡化。雖然現在已經平息，卻嚴重影響印尼佐科威政府未來的經濟發展。因勞動團體和勞動者的權利及報酬、雇用保障受到消減，引起勞工在印尼各地抗議遊行，批判中央政府強力擴權，可能使印尼民主主義發展受到牽制、破壞中央與地方均衡。環境保護主義者，警告對環評和建築許可要件的嚴格要求下降，將造成經濟成長的惡性影響。然而，企業界認爲商業特許權合理化，開放外國投資，勞動市場彈性化，有助經濟成長，可以接受。

引發勞動組織團體和勞工不滿的原因，在於新勞動法對勞工解雇較寬鬆，薪資調升計算方法對企業者經營環境有利，對勞工較爲不利，諸如勞動時數、休假計數、工資調升等，在工業區及觀光區偏高，其他縣級地區偏低，解雇理由從原來 9 項增加到 14 項，諸如：

1. 公司破產時。

2. 公司虧損關閉。

3. 公司經營者變更。

4. 違反公司員工和勞動者的契約。

5. 員工和勞動者犯罪。

6. 員工和勞動者屆齡退休。

7. 員工和勞動者辭職。

8. 員工和勞動者死亡。

9. 員工和勞動者離職。

原本舊法規定企業 9 項理由可以解雇員工，新法增加 5 項：

1. 公司特別要求效率化時。

2. 企業進行合併、統合、併購、分割時。

3. 公司延納銀行貸款時。

4. 員工行爲損害公司利益時。

5. 員工因勞災長期臥病、身障者無法復元，超過12個月無法復職時。

共 14 項法令可以解雇員工。爲深入剖析實施《創造就業綜合法》對經濟發展的影響，更進一步將《創造就業綜合法》實質條文與構成重點內容分析於下：

1. 中小企業、微型企業、協會組織占 49.2%。

2. 中央政府投資、國家戰略計畫的簡速化占 19.7%。

3. 地方政府所有權占 12.1%。

4. 其他占 19.0%。

茲將《創造就業綜合法》重點內容詳加分析於下：

一、放寬環評

對環境造成影響汙染的事業活動的環評大幅放寬，該法針對環境保護和管理的法條修正，要求企業創辦時必須做環評，標準條件有：自然景觀的變化、資源開發、汙染可能性、社會文化的影響、文化遺產的保全、安全保障上的危害，涵蓋動植物的保護。對「環境、社會、經濟、文化的重要影響」，細則由政府制定。但對汙染產業周邊地域居民不服申訴，對環評專家不能充分表達意見。因爲本法案將原來由環境廳相關技術機構、環境專家、技術專家、環境團體、國民代表等組成的汙染審查委員會取消。

二、取消建築許可

《創造就業綜合法》預定廢止建物必要構成要件或免許可。與建物有關法規共 26 條，其中一半被刪減。法律規定的建築許可證（IMB）、建物所有權、土地權利許可、建築或建物的許可，在管理上的要件被預定刪減。安全性、構造要件、火災、雷電的安全保護，健康、空氣、照明、衛生、建築材料、建物安全舒適性、避難逃生設備、爲身障者便利進出設備的有關要件均刪減。

三、新產業許可制

佐科威總統強化調整投資的權能，所有產業許可證合理發行。將發行事業許可證的責任，分散給許多政府機關和地方政府。《創造就業綜合法》，將海運、水產業、農林業、能源、礦物資源、電力產業等，幾乎全部產業的許可申請手續程序簡速化，強化原有規制，尤以貿易，包括特許認證的標準化、經濟基礎、公營住宅、交通、健康、醫療、醫藥品、食品、教育、文化、觀光、郵政、通信、傳播、安全保障、防衛等為對象。前述產業相關的法規修正納入為現行法，放寬許可特許限制，為改善國內商業優勢經營為目的，做新政策的決定，占了新的《創造就業綜合法》大部分。

四、放寬投資

拒絕外國投資、禁止或解除外國投資，不得引進其他有可能汙染性的產業等，都由總統一人決定，法令沒有明確規定。相反的，不論國內外都禁止投資的業種有麻藥、瀕臨絕種的動植物、珊瑚礁、化學武器、工業用化學物、破壞臭氧層化學物質。就投資領域而言，外國投資家不得持有汙染企業所有權。而股份市場的組合（例如，購買經公開化的新規股份）不在此限。中央政府依投資法規讓投資透明公開化，放寬國內外投資限制。

五、修訂勞動法

對退休的權利、勤務連續年數的認定、權利補償相關的條件加以嚴格計算，預定全部廢止，僅規定企業主應負擔職員工勤務年數計算的退休金的義務。對外國人勞動者，在企業董事會或委員會的會員、外交官或領事及研發者、技術人員，准予在印尼工作，其他新興企業的外國人勞動者也准許在印尼工作。依據《創造就業綜合法》，對外國人勞動者

在印尼的工作條件大幅放寬。尤其對勞動密集型產業的地域內，必須依規定支付最低基本薪資，並將此項權力授予各州長，使用各地不同計算標準。免除對微型企業、中小企業員工基本薪資的規定，對勞動貧困者必須支付最低基本薪資。對現職勞動者給予 3 天婚假、因小孩割禮受洗者或結婚給予 2 天有薪假、妻子生產陣痛或流產者給予 2 天有薪假。給予親人家族死亡的勞動者 1-2 天無薪假。給予被解雇者不服時可向勞資關係法院提起訴訟之權利。另增加包括勞動者的健康、勞災、年金、老齡期、生命保險等保費，規定企業主應支付的義務。並引進年終獎金的制度，此制度被讚譽是勞動者的「甘露」。

六、強化中央政府的權力

積極與國會眾議院溝通協議，通過《創造就業綜合法》加速變更舊政令，提升新勞動法效能。依《創造就業綜合法》規定，宗教部主管的清真產品認證機關，對消費者有發布清真產品認證的權力。

七、中央政府投資與國家戰略

為實踐佐科威總統的財務政策，准予設立財政部長率領的「特別權限」機關的義務。財政部長透過投資管理的機關，在管轄內可投資金融產業，管理投資資產，與資產信託合作，決定投資目標，融資授信，管理所有資產。政府機關，在資產管理、合併事業及其他合作模式，可與第三者合作。財政部長率領理事會與國營事業部長，都是理事會會員。其他如投資管理廳，由財政部和 SOE 部各派一人，另有 3 名專家學者，共 5 名委員共同進行營運。

八、地方政府功能被弱化

依新修正的《創造就業綜合法》規定，事業許可及許多種類的認可

完全被廢止，地方政府功能被弱化。地方政府商業證照許可服務，被移交中央政府管理，其次，修正地方行政法使地方弱化。也改正環境保護和管理，涵蓋地方政府對環境相關的特許認可制，改由中央政府執行。

陸、佐科威總統第二任期內兩大突出的國家經濟戰略計畫

一、2022年1月18日印尼國會通過將首都自雅加達遷至婆羅洲東加里曼省努山搭拉（Na San Tara）新首都

印尼國家新首都計畫法案，由佐科威總統於 2019 年首次宣布，因受疫情影響而延宕。總經費 320 億美元，新都工程於 2022 年動工興建，分期完成，預定於 2024 年先將政府機構遷至努山搭拉新都辦公，將來雅加達仍為印尼商業金融中心。遷都主因為減輕雅加達人口過於稠密集中的負擔、交通壅塞之痛、水患災害之苦，又因超抽地下水成為全國地層下陷城市之一，雅加達區域北部地層每年下陷 25 公分。

據印尼政府向國會提案計畫：「新首都的重要功能，是印尼身分的象徵，也是新的經濟中心。」努山搭拉是爪哇語「印尼群島」之意，爪哇島居住全國六成人口，是全國半數以上經濟活動發源地。印尼是東南亞最大的經濟體，希望新首都成為低碳城市，印尼設定到 2030 年 CO_2 比削減至 29% 為目標。新都位處群島高地凸出中心，天災風險較低，地理優勢可促進印尼區域均衡發展。預計將發展為經濟產業的科技、醫療製藥、東南亞特斯拉自動汽車最大的製造重鎮。

二、改善金融財政，振興中小企業

前述印尼政府為發展國營企業，延滯了中小企業成長，對服務業成長顯然不利。故為拯救經濟，採取對法人企業減稅措施，將中小企業營業稅從 2019 年的 25%，2020 年減至 22%，2022 年再降到 17%，加上對輸入關稅減免，對服務業和中小企業都有利。尤其因受疫情影響，中

小企業向銀行舒貸利息由政府補助，支援小微型和中小企業向銀行貸款抵押不足的保證金，解決小微型和中小企業的實際困難。同時中央銀行也支援國營企業營運資金不足的困難，目的都在拯救經濟，回復景氣。

　　2022 年印尼政府實際歲出達 313.2 兆印尼盾（占 GDP 比 2.2%）。它的財源除中央銀行發行國債 397.56 兆印尼盾，並向國外貸款及向國內民間募資支應。佐科威政府大力改善金融財政，針對疫情之損害採取強力挽救經濟措施，實施公共利益政策，支援醫療設施和保障社會福利，協助地方政府改善財政困難，一切作為都為了促進內銷市場的活力。

柒、COVID-19疫情對印尼經濟的影響與政府因應措施

一、針對疫情控制的措施

　　COVID-19 疫情發生前的印尼經濟，個人消費力堅強，經濟成長維持 5-6%。但自 2019 年底起，受疫情影響明顯，降至 3% 不到，財政赤字占 GDP 2%，公債餘額占 GDP 3%，總體經濟大致尚能保持健全性。印尼於 2020-2021 年，每天受疫情感染約 4,000 人，現在還在擴大感染中，至 2021 年底感染者已超過 200 萬人。疫苗接種率尚低，國內多數打中國疫苗，其有效性尚受強力懷疑。所以除了國民生活或經濟活動必要外，其他利用商業和公共設施都加以限制禁止。除基礎建設預算外，一切重點以防止疫情入侵擴大為優先。

　　佐科威政府實施「大規模社會限制」（PSBB），嚴格限制國民活動，禁止不必要的外出，課以室外必戴口罩的義務。企業員工准在家中執行勤務，學校休學利用網路上課。關閉娛樂和公共設施，禁止飲食在店內使用，禁止利用公共交通車輛大量運載乘客，禁止大型宗教活動及教徒大規模移動歸鄉活動。印尼中央政府對新型肺炎擴散採取的對策，根據 2021 年 5 月民調，7 省顯示對中央政府公眾衛生危機處理對策滿

意度為 57.3%，對中央政府不滿意度 53.8%。對佐科威總統政策營運支持度 66.5%。雖比其上任時支持度 69.5% 低，但以平民派廉政姿態施政，人氣強度仍然不減。

現今國會議席總數 575 席，執政黨聯盟席數占 70%，政治基礎穩定。對新型肺炎的對策，因考慮社會安定，對中產階級恩惠相對較少，就業或所得影響較大，要進行經濟改革和法制鬆綁，在經營環境上確有其困難。所以，施行《創造就業綜合法》，改訂勞動法和投資手續，希望國外來印尼投資，強化經濟競爭力。因 2024 年面臨總統大選，各政黨強力互相牽制的攻勢下，防止疫情擴大對策議案審查被迫延期，影響救急效力，造成 2020 年實質 GDP 負成長，尤其民間消費因實施社會限制，禁止外出營業，影響交通、通訊、外食、住宿等明顯減少。此外在投資方面，因原材料自調度到生產、品質管理、物流、販賣等一連串企業經營管理流程制度的停頓，資源價格上漲，許多工事因而中斷，建造物及機械都受波及，對經濟回復景氣不利。

二、針對振興經濟改革金融的措施

當前疫情未息影響財政惡化，疫後急務當然是改革財政振興經濟。為彌補因疫情減少的稅收，2020 年實施對資訊家電產品服務課稅，至 2023 年要減少財政赤字降至 GDP 3% 以內為目標。針對資訊家電產品及販售服務的附加價值課消費稅 10%，增加年間平均稅收 5%。佐科威政府實施財政改革振興經濟，配合世界銀行，期求疫後稅制改革五項重點：

1. 調升個人所得稅，從現行的 30%，擴大調升至接近亞洲周邊國家的 35%。

2. 對燃料和塑膠等產品，課以環保稅確保國家基礎建設的財源。

3. 課健康稅（菸稅和加糖飲料稅）提升醫療保健財源。

4. 改革法人稅（提升中小企業最低限課稅額）。

5. 課徵資訊家電產品貨物稅。

佐科威政府有效調度國家資源，改善投資環境，提高最低基本薪資，促使勞資利益平衡，促進社會安定。不僅管制物價上漲，促進消費，細如改善金融系統現代化，教育人民在銀行開戶，改變人民將現金存放家中的積習，提升人民經濟生活品質。對疫情擴散採取強力管控，促進個人消費市場回復景氣。但受疫情影響，經濟成長仍然是從 1997-1998 年亞洲金融危機以來的負成長。可見景氣能否回復關鍵在個人消費的動向。

在製造業方面，已經看到景氣回復的進展，尤其是對中國輸出的鋼鐵製品、礦油等開始增加，2021 年與前年比增加 52% 之多，可見出口顯著增多。2021 年縮減成長接近 3%，唯有等待國內的設備投資、就業機會、提升薪資等整體經濟景氣回復，尚待持續觀察。

印尼疫後社會不安，低所得貧困階層、中小微型企業都趨向弱勢。佐科威政府必須積極推動《創造就業綜合法》，大魄力鬆綁法令，改善人民的生活環境，提升人民的生活品質、消費能力，活化內銷市場，發揮財政改革的成果綜效，才能促使長期經濟成長。第二任期的佐科威總統，雄心壯志，企圖將印尼於 2025 年建成東南亞最大的電動車和電池製造中心。希望引進特斯拉，因印尼是全球最大的鎳生產國，是電動車和電池最穩定供應鏈。2022 年 3 月因俄羅斯與烏克蘭戰爭，促使鎳價大漲 111 倍，每噸達十萬美元，印尼因而大獲其利。

印尼金融政策營運的韌性很強，雖然外匯依賴海外投資資金有高度需求，金融市場深受外部環境變化的影響。其基礎建設資金來源，期待亞洲開發銀行（ADB）國際機構貸款，風險很高，而國內期待動用民間資金，國內外資金活水互動，亦不是完全可靠。隨著疫情擴大感染情況，政府不斷追加預算，金融風險與經濟成長，嚴峻挑戰佐科威政府的能耐，但 2021 年經濟成長（GDP）猶達 3.2%，實在難能可貴。

捌、印尼經濟接軌國際，日系商品一枝獨秀

　　據聯合國 2020 年資料數據顯示，印尼首都圈雅加達人口有 2,700 萬，僅次於日本首都東京圈的人口 3,700 萬，是世界第二大巨型都市，雅加達首都圈人口不但集中，2021 年印尼人均所得也高達 4,225 美元，而日系商品一枝獨秀，充滿雅加達市場，扮演帶動印尼高端消費的牽引角色。日系服務業進軍印尼日益增加，發展為中小企業的先鋒團商，最受注目的吉野家、大戶屋、摩斯漢堡等外食服務業及日系各類超商，林立於雅加達市區。據日本貿易振興機構（JETRO）的調查，光是雅加達就有 300 家日本料理店，如天丼、天屋、丸龜製麵、牛丼、關東煮等到處林立。因印尼人均所得已達 4,225 美元，汽車普及化正在興起，高端耐久消費財市場逐漸擴大，對印尼經濟成長是一大正能量。

　　現代超商零售業型態的消費市場，因現代通路方便，可以步行至市區內的超商正在持續成長。日本超商自 2009 年率先進駐印尼以來，如全家（Family）、羅森（Lawson）等，日系超商馬上跟進開拓印尼市場。其獨具服務特色，成功打入印尼人在攤販購物並當場食用的習慣，如在店內設有印尼人內用空間，廣受消費者喜愛。日本的關東煮、三角飯糰、章魚燒等日式食品，人氣滿滿。另一特色便是超商內提供使用空間設 WiFi（無線上網）服務。據日本貿易振興機構的調查，印尼推特（Twitter）的使用人數已經超過 500 萬人，推文數占全世界的 15%，可見以年輕人為核心的溝通需求相當強烈，日商應印尼消費者需求供應，深獲消費者的信賴。

　　另一要因是，印尼雅加達首都圈交通壅塞，消費者對高功能或時尚商品需求日增。然而消費者前往超商購物中心時，卻常因塞車而浪費時間，促使消費者改利用快速又方便的網路購物。如，日系樂天（Rokuten）進入印尼市場時，尚沒有黑貓宅急便或佐川宅急便等宅配企業。因而促進樂天一枝獨秀，設計出獨特的貨到付款，利用機車宅配服務系

統，進入大街小巷。此外，日系超商也提供以保冷劑或保冷包裝的低溫
宅配服務，力求與其他公司區隔，大受消費者喜愛。

　　日系商品為何能受到印尼消費者青睞？其產品設計感的魅力是高
人氣的祕訣。如日本白色家電占率極高的夏普（SHARP）設計出品名
「國王武士」（King Samurai），具備蓄電功能的冰箱，是日本武士道
造型，成功吸引印尼消費者的喜愛。其他，如筆記型電腦及智慧型手機
等商品，需要有 40% 以上零組件在印尼當地生產才准在印尼銷售，日
商完全能接受印尼政府之要求。

　　另外，在印尼市街上購物中心的大型書店中，都能看到不少印尼
當地年輕人沉浸於日本漫畫書中。日式各種文化藝能活動一舉辦，參加
人數高達 2,000-3,000 人，如日本流行音樂室外演唱會，帶動日系商機
趨勢興起。利用活動機會大大推售日本山葉鋼琴系列音響產品，到處設
立山葉音樂教室經營音樂教學，現在擁有 600 間山葉音樂教室，學生人
數超過 12 萬人，規模正持續擴大中。特別是印尼政府鼓勵國民學習日
語，現在學日語的人數約 87 萬，是世界第二位，僅次於中國的 100 萬
人（依據國際交流基金所進行的 2018 年「日語教育機構調查」）。

　　但，佐科威總統在推動改革經濟發展途中，有些帶來負面的現
象，諸如禁止超商銷售酒精飲料，影響觀光客消費需求。將天然礦產尚
未加工的原料全面禁止輸出，從原料精煉到 EV 蓄電池製作的一貫生產
體制構造，大都跟隨中國大陸一帶一路計畫的一環大規模投資，企圖達
到 2025 年國內汽車販賣的 20% 全面 EV 化的目標。都因印尼政府發展
經濟出現保守主義政策，使改革的腳步停滯。其次，印尼盾兌換美元匯
率持續下貶，據印尼政府公告，國內都必須以印尼盾為交易貨幣，增加
企業負擔，商業環境惡化，對進口必要零組件或原材料維生的進口商而
言，採購成本增加，利潤減少，對經濟成長不利。再來，印尼政府因反
對侵害人權，禁止印尼勞工到沙烏地阿拉伯等 21 個國家工作。禁止外
國醫療人員進入印尼服務，都屬未成熟的醫療國際化政策，對現在流行

的 COVID-19 疫情擴大採取負面思維。從國際經濟觀點而言，投資印尼發展企業，仍然有些風險需要注意。

因前有 2004 年蘇西洛總統在位 10 年，努力在推行民主政治發展道路上，才能讓由貧民出身的佐科威於 2014 年順利接任總統。佐科威總統第二任期以來積極發展經濟加速 GDP 成長，推動反貪汙改善投資環境，使投資透明化，申辦單一窗口化減少行政手續，大力引進外資，提升行政效率，降低營業所得稅，又將能源相關補貼支出，從中央預算歲出的 3% 降至 1%，解決生產力不足。因亞洲新興國家突起，尤其中國大陸急需印尼的資源供給，使印尼生產力強大，就業機會增多，人均所得提升，消費能力提升，景氣循環穩定，出現景氣回復氣象。

玖、貧窮是印尼的痛點，如何脫離貧窮是治國之首要

以近年來首都雅加達為例，2018 年政府法定基本薪資向上調高至每人 364 萬印尼盾（約臺幣 8,175 元），但仍然趕不上雅加達節節升高的物價。民生困苦，而且貧富差距愈來愈大。據世界銀行統計顯示，大約還有 2,900 萬印尼人仍生活在極度貧窮中，每天每人國民所得不到 1 美元，還有 9,300 萬人每天每人國民所得不到 3 美元。因此數百萬印尼婦女離鄉背井，流散進入世界各先進國家任外國勞工，其中有 15 萬人來臺灣工作，占臺灣外國勞工的二分之一；她們不但為印尼解決貧窮問題，也為印尼爭取外匯，每年匯回印尼高達 60 億美元外匯。此項收益僅次於印尼政府在天然氣和礦油產品輸出的財政收入來源。

目前印尼被世界銀行歸類為「中低所得國家」，若要進階到如泰國或馬來西亞等「中高所得國家」之列，必須脫離貧窮，發展產業，勿太過依賴資源或勞力的經濟型態，轉型升級為資金和技術密集型產業，是印尼未來經濟成長關鍵所在，也是解決生產力不足的方法，從長期而言應全力引進外資投入始能有成。印尼因有人口紅利，且資源豐富，開發資源是長期經濟發展的支柱。就業和所得提升，中高所得階級大幅增

加，亦帶動中低所得階級消費力增強。食品、飲料，水電、住宅等費用項目加總起來，占全體支出將近 70%，高端耐久消費財可望普及。經濟改革使民生成本不斷成長，又因薪資調升速度緩慢，促使企業勞工聯盟不斷向企業和政府抗爭，因此政府應加速調節因應，讓勞工家庭生活壓力減輕，促進勞資平衡和諧，將使印尼經濟發展機遇大於風險。

拾、對佐科威政府發展經濟的未來展望

印尼佐科威政府當前應如何加強投資教育，發展經濟，創造就業機會，促進經濟成長與分配資源（財富重新分配），讓印尼逐漸脫離「一個國家，兩種世界」的貧富差距困境，正考驗著佐科威政府執政團隊的能力。展望未來，佐科威總統要發展經濟必須實踐國家戰略兩大具體政策：

一、放棄經濟發展的保守主義

開放自由化的市場競爭，引進外資投入，同時不能太依賴國內市場來刺激經濟，應開放給亞洲區域經濟的生命共同體——東協會員國的市場競爭，提高印尼在全球經濟發展中的競爭力。

二、發揮民主的包容力

正如美國總統歐巴馬於 2010 年 11 月 9 日訪問印尼時讚美印尼所言：「如今印尼已經躋身世界上網路最發達國家，年輕人藉由手機和社交網路互相聯絡。」歐巴馬總統大力讚揚印尼充滿包容精神，「Bhimneka Tunggal Ika——存異求同。這是印尼的基礎，也是世界的榜樣，更是為什麼印尼將在二十一世紀扮演重要的角色。」

麥肯錫（McKinsey & Company）預估，到 2030 年印尼將成為世界第七大經濟體，因印尼有龐大的消費群體，快速的都市現代化（雅加

達首都將遷至努山搭拉），充足的技術勞工，以及在服務業、國際觀光業、中小企業、農漁業，因天然資源豐富和提升教育水準，發展產業等帶來大量市場機會，實施新法《創造就業綜合法》，創造大量就業機會。印尼未來經濟發展充滿挑戰與希望。

印尼於 2022 年輪值 G20 高峰會議的主席國，2023 年輪值東協高峰會議的主席國，成爲世界各國注目的焦點，在國際舞臺上扮演主角的機會將愈來愈多，有助提升印尼國家競爭力，促進經濟發展，加速經濟成長。

第三節　新南向政策臺商在印尼的商機與挑戰

2016 年 8 月 16 日，蔡英文總統召開對外經貿戰略會議，通過「新南向政策綱領」，行政院依政策綱領，提出新南向政策推動計畫。2016年 9 月 20 日成立「行政院對外經貿談判辦公室」，並借調公務員專家40 人支援人力運作。2017 年度，編列政府預算 42 億元推動計畫，並整合跨部會的協調，統一窗口，統籌跨太平洋夥伴協定（TPP），以及推動新南向政策，由行政院政委鄧振中出任總談判代表，談判辦公室不觸及兩岸事務。

談判辦公室負責政策協調及推動執行，目標市場爲東協十國、南亞六國及澳洲、紐西蘭等十八國。與各國簽署或重新檢視保障協定。爲保障臺商投資權益，政府將優先和越南重新簽訂投資保障協定。目前尚未簽署保障協議的新南向國家，有柬埔寨、汶萊、寮國、緬甸，南亞的斯里蘭卡、孟加拉、尼泊爾、不丹、巴基斯坦及澳洲十國。將與所有夥伴國家在經貿合作、人才交流、資源共用及區域鏈結等四大面向充分合作。

首先重新檢視已經簽署投保協定的印度、越南、泰國、新加坡，以及已簽署自由貿易協定（FTA）的紐西蘭，更新其內容以加強對臺商的

投資保障。初期針對印尼、馬來西亞、泰國的投資協議再升級「提升保護水準」，給予臺商更大投資保障。蔡英文總統要求中央政府各部會推動國家經貿戰略，落實新南向政策、創新、計畫、具體措施、明確績效指標。在一年內完成四項工作重點：(1) 加強新南向國家的互動，推動更密切的高層官員互動；(2) 強化政府與民間智庫資訊掌握，及與國外智庫合作；(3) 積極推動雙邊投資保障或租稅協定的簽訂與更新；(4) 短期內為創新明確具體績效，必須集中資源，全力推動。

高雄市於新南向政策，具有城市層級特殊的地緣戰略位置，未來更能成為新南向政策的基地，結合中央與地方力量，促進雙軌發揮更大綜效。未來面對困難，要用更靈活的策略，更踏實的做法，積極進行國際參與，與其他國家發展實質合作關係。2016 年 12 月 28 日蔡英文總統於聽取行政院政務委員鄧振中的「新南向，新思維」專案報告後指出：希望未來國營事業能扮演領頭羊的角色。要展現新南向的價值，希望行政院在資源配置上重新思考，從人力、經費、財務等進行盤點，在東協進行製鹽、製糖、製水等國營事業設據點，因應新南向實踐新政策。

未來地方政府將扮演重要角色，中央政府指引方向，地方政府帶頭跟進，中央與地方共同努力。新南向雖以民間企業為主，但期許國營事業當領頭羊，不能讓中小企業單槍匹馬獨闖，要重組產業結構給予扶助，創造機會。推動新南向，要給地方政府實際執行項目，如臺中市政府與越南西寧、平陽兩省簽署協定為越南訓練消防、救災人員，結合姊妹市，為臺商投資越南解決問題。臺商走向新的市場，希望透過海外當地的臺商組織做橋梁，與各國先簽訂投資保障協定，降低政治風險，確保臺商的權益。

蔡英文總統的結論說「low-hanging fruit」（懸吊在面前的果子），並非垂手可得，要全力以赴，始能成功。新南向政策是「以人為本」，建立雙贏為目標，並簽署雙邊投資保障等，與東南亞及南亞國家建立廣泛連結以創造共同利益。除了經貿領域，更進一步涵蓋科技、文化、觀

光、教育及人文交流、人民的互動。中華電信首先提出呼應新南向政策，拓展海外市場，加強數位匯流，投資數位經濟等，目前在印尼、新加坡、馬來西亞、泰國設有子公司。臺商在東協大可發展，尤以越南長期缺電與中華電信已有長期合作，中華電信公司將「盡洪荒之力」開拓新南向市場。

壹、電子商務市場廣大

2016 年 9 月台灣經濟研究院院長，學者林建甫建議政府：新南向政策著重「價值提升」，亦即提升附加價值的產業政策，期望讓製造業、服務業、農業、電子商務等前進東南亞，並鼓勵雙向觀光、投資、教育及人才交流。不只是為了降低成本，並要對臺灣經濟產生外部支撐效果。觀察臺灣產業優勢，應結合高附加價值的製造業與服務業，前進東協及印度市場。例如東協六國新加坡、馬來西亞、菲律賓、越南、印尼、泰國，電子商務市場規模達 70 億美元。

貳、基礎建設嚴重不足

越南、泰國、菲律賓等網路滲透率低於五成，消費者對網路安全存疑，因此臺商在基礎建設、電子商務及金融、物流服務，就有機會參與；東協更是金融業打亞洲盃的舞臺。尤其是印尼由 17,000 餘個島嶼組成，沿海及島嶼間航運船隻供不應求，船用零件、設備銷售費用都大幅成長；臺灣在造船及航線和港口經營管理有明顯優勢，大可投入。印尼每年籌措 800 萬美元用於道路、港口、機場和鐵路基礎建設，因為臺灣基礎建設的技術與能力佳，臺商如能與印尼開發機構合作，商機很大。未來臺灣若要前進東南亞，首先要有良好的兩岸關係，才能與東南亞政府談判，兩岸合作是現實考量。

臺灣具競爭優勢產業或潛在商機的產業，如資通訊、機械、節

能、生技等產業，經過雙方交流互動。一百多家臺商赴印尼拓銷資通訊產品，增進對印尼出口商機。臺灣也邀請 412 位印尼買主來臺觀展，2021 年已有超過 1,300 位印尼買主前來臺灣觀展採購。臺灣更進一步透過精品在印尼各地的棋盤型推廣活動，讓當地買主及消費者肯定來自臺灣的品牌及產品，強化臺灣整體品牌形象，協助進軍印尼的臺商拓銷商機。

參、臺灣布局新南向共創新商機

臺灣外貿協會積極開拓新南向，協助臺商在印尼的布局，2021 年 6 月 28 日印尼政府批准吉沛港綜合科技工業園區（JIIPE）升格為經濟特區，協助臺商開拓印尼及海外市場，外貿協會與之簽約合作的備忘錄（MOU），為臺商搶進新南向供應鏈商機，邁出重要一大步。其目的，不僅有利印尼當地基礎建設的開發，工業區招商以及產業聚落形成，更可擴大臺印尼理念相近夥伴的信賴網路，達成國際夥伴合作的加乘效果。同時印尼政府正在推動工業 4.0、全球海洋軸心及智慧城市等計畫。在全球供應鏈移轉趨勢之下，東南亞將成為全球供應鏈重組中最熱門的區域製造中心，成為臺灣電子科技、醫療生技及智慧製造等產業的新據點，更有助藉印尼在地優勢拓展到歐、美、日市場。

印尼吉沛港經濟特區積極吸引臺灣紡織業、醫療、生技、機械業、電子科技等相關產業進駐。吉沛港經濟特區是由印尼績優上市公司 AKR 集團與印尼國營港務局合作建立，為公共私營合作綜合性工業園區，為印尼唯一天然深水國際商港工業園區。區位優勢明顯，可作為臺商在印尼及東協的主要生產基地，也可銷售歐美及東協十國龐大的內銷市場，臺商可運用印尼與東協自由協定（ASEAN FTA）的優勢，拓展臺商在國際市場新商機。因此，臺灣生產疫苗的國光生技已藉此優勢，也與吉沛經濟特區簽署備忘錄（MOU）搶先進駐印尼，積極拓展海外醫療生技市場。

　　臺灣商業研究院為強化跨領域整合創新，重新定位為國際鏈結智慧整合中心（Smart Integration），結合法人、大學、觀光、展會、城市、公協會、海外臺商，為業者開發國際市場，進行國際合作，連接國際網絡，提供整合性十大服務。

1. 拓銷全球市場。
2. 提供臺灣產業形象。
3. 推廣服務業貿易。
4. 提供市場分析及商情。
5. 加強數位及電商行銷。
6. 運用大數據發掘商機。
7. 培訓國際企業人才。
8. 辦理臺灣國際專業展。
9. 營運展覽館及會議中心。
10.推動國際經貿聯繫。

　　在疫情擴大下全球供應鏈重組之際，東南亞已展現出消費潛力及吸引外資進駐的實力，臺商對於新南向國家強化投資市場，有助於我國與區域經濟及供應鏈更密切整合連結，以掌握後疫情時代的機遇。

　　2020 年 12 月 20 日，臺灣中經院與印尼國家科學院「臺灣印尼雙邊經濟合作協議（ECA）可行性評估」研究成果，邀請印尼政府部門、產業代表與學界人士七十餘人進行研討，於雅加達發表，顯示臺灣印尼雙邊 ECA 倘可基於 WTO 原則，進行深入整合之相關合作，不但將強化經貿投資動能，也將透過法規調和及合作減少貿易障礙，例如技術性貿易障礙、動植物檢驗檢疫規定以及貿易便捷化等。臺灣印尼 ECA 也將有助於擴大目前臺商在印尼的投資規模，創造印尼當地就業機會。另外在中小企業、人力資源、汽車、電子業及農業方面，雙方都有非常大的合作空間，未來若進一步透過 ECA 強化經濟整合，彼此將創造互利雙贏的效果。臺灣中經院建議雙方現階段可考慮透過「堆積木」

（building-block approach）方式，拓展雙邊貿易關係，先行展開產業交流，促進投資、能力建構、中小企業等方面的合作。

肆、印尼數位經濟／平臺經濟發展

印尼數位經濟／平臺經濟發展快速，與國內廣大的內需市場有著密切的關係，新創企業的兩大特點有：

1. 印尼的行動上網使用快速成長，是東南亞 3.6 億人口中優先使用手機網路的國家，東南亞手機上網時數高於其他地區，每人每天平均達 3.6 小時（相較於中國大陸 3 小時、美國 2 小時）之高，而在印尼此數值更達 3.9 小時。

2. 印尼新創企業達 7,000 多家，其中位居首位的 2,033 家主要有四項產業：線上旅遊、線上媒體、電子商務、叫車軟體。東南亞的網路市場達到 720 億美元的市場規模，其中電子商務領域在四項產業中成長速度最快。而印尼是東南亞地區最大的電子商務市場，在 2025 年預計市場規模將達到 530 億美元，占東南亞市場規模一半以上。另在叫車市場，預估 2025 年達 280 億美元，使用人數超過 3,500 萬人，其中印尼也是最大市場。在食品外送的成長更加快速，2015-2018年均複合成長率（CAGR）達 73%。印尼將成為東南亞國家數位經濟的重鎮。

伍、印尼數位醫療發展及數位醫療新創興起，將改善疫情有助創新契機

臺灣醫療水準在亞洲名列前茅，COVID-19 發生以來，防疫能力受到全球肯定，防疫措施更被東協國家仿效。東協整體醫療系統存在幾項瓶頸：基礎建設不足、財政困難、醫療設備和醫療人員不足。根據 WHO 數據指出，東協每 1,000 人平均只有 0.6 個醫師，印尼只有 0.1 個（先進國家德國為 3.7 個）。印尼醫療系統不健全、不完善，仍有很多

醫療商機，等待臺商前往開發。尤其數位醫療區塊，臺灣醫療設備與人才算是當前強項。諸如遠距醫療市場，改善消費者與醫生接觸管道，因應疫情的數位醫療透過整合既有線上平臺，針對此次疫情，以既有醫師線上諮詢爲基礎，提供 COVID-19 初步診斷，並結合叫車平臺，進一步整合醫療諮詢、預約看診服務和藥物運送。臺灣新創業者或網路創業，數位領域如數位醫療，都是印尼具有發展潛力的領域。印尼政府因受 COVID-19 疫情禍害得到教訓，宣布計畫自 2022 年起五年內，將編列國家預算 500 億美元，增建 8,000 家小型醫院，而其醫療設備及器材資源 90% 都須從國外進口。這正是臺灣新南向醫療產業臺商的商機。

陸、印尼政府正積極尋求引進臺灣農漁業技術、經驗和資源

印尼和臺灣的國營企業大型合作案外，臺灣的中原大學與印尼全國鄉村合作社聯盟（INDUK KUD）合作，有效串聯臺灣學生與當地企業、新創業者交流，作爲學生與企業交流的平臺。INDUK KUD 是目前印尼最大的合作社組織，擁有超過 1,300 萬會員家庭，主要致力於扶貧計畫發展與技術支援，先建立符合商業營運標準的生產示範基地。逐步推廣至全印尼的 INDUK KUD（如臺灣青果合作社）各個分社，爲臺灣廠商在印尼可直接落地的平臺。

印尼提供土地做示範場域，臺灣提供設備、技術、資金等合作。從數位科技合作，進一步分析臺灣印尼科技農漁業創新領域。臺灣「智慧農業數位分身」（Digital Twin Solutions for Smart Farming）技術的輸出，應用在印尼當地農漁業，這項技術由臺灣資策會開發，已榮獲 2019 年美國百大科技研發獎（R&D 100 Awards），農民可依據經驗及現場觀察，選擇設備參數修改，並進行修改前模擬預測做出最佳判斷，透過 AI 動態學習農民的經驗和知識，進而達到協同運作，決策優化的效果。可以降低農民導入成本 50%，提高生產效率 30%。該技術可應用在農漁業、茶葉領域，建立全程數據化，產銷履歷可溯之品質分級技

術，提高科技農民的「智慧化監控」和「精準化生產」，進而協助提升印尼當地傳統農漁產業的生產力。

柒、我國行政院經濟部積極推動投資印尼

為服務臺商與印尼投資營運，經濟部於 2021 年 5 月 3 日成立臺商聯合服務處。提供海外臺商整體性輔導措施，包括解決臺商投資申訴問題，籌組「臺商服務團」，協助臺商升級轉型，強化臺商 E 化運用及提升經營管理能力等。

印尼為臺商投資重鎮，占我國投資於東南亞國家總件數 38%（包括馬來西亞達 3,600 件），投資金額達 252 億美元，占投資總額 37%。臺商以勞力密集的傳統製造業和中小企業為主，面對東南亞國家市場成長激烈競爭，目前以企業升級轉型、市場行銷及降低成本為主。經濟部的「臺商服務團」邀請工研院、商研院、外貿協會、中國生產力中心、證交所及證券櫃檯買賣中心等專業單位參與，以技術升級、成本降低、品質提升、顧客滿意等面向，規劃訪團服務內容，協助臺商在印尼的產業提升競爭力。今後將視臺商需求，結合政府及法人機構能量，協助臺商在印尼當地投資營運。

另印尼與我國視訊協助，促進女性企業家成長，於 2020 年 8 月 26 日，印尼合作暨中小企業部以及我國經濟部中小企業處，透過數位科技，成功跨越地域限制，與亞太地區中小企業及女性企業家積極合作，克服疫情困境，發揮女性企業家潛能，將可為亞太區域整體經濟，帶來包容性成長與繁榮發展。

Google 在 2019 年臺灣企業跨境關鍵報告中，預估東南亞電商市場在 2025 年將上看 1,020 億美元。加上當地手機和網路覆蓋率持續增加與高度使用社群平臺購物的發展趨勢，顯現未來東南亞電商產業仍具龐大的成長潛力，現在正是臺灣中小企業攜手前進新南向的最佳時機。現在經濟部中小企業處委託中國生產力中心與中華民國全國中小企業

協會，積極協助印尼電商業者順利對接印尼電商市場。2018 年 10 月 9 日，印尼 Padjadjaran 王國代表團訪問臺灣商研院，雙方就未來臺灣中小企業前往印尼投資進行商談，預計將導入 100 億美元，引進臺灣的強項中小企業，投資印尼的文化觀光產業。

臺灣商研院長許添財強調，臺灣有技術、有資本、有人才，只缺市場，最有效的辦法就是主動走出國際到世界尋找合作夥伴，未來將盡力協助臺灣中小企業於印尼落地投資，共同創造印尼新市場。新南向政策應以產學合作領先，促進臺商企業交流落實，政府從後面全力支援。

為臺商找商機，臺灣商研院與印尼 NU 系統大學簽訂備忘錄，印尼 Nahdlatul Ulama 大學希望臺灣商研院能協助培訓大學生，提升印尼勞工水準，同時解決臺灣投資印尼當地企業勞動力供應的問題。此項臺灣印尼產業合作應推廣至全國大學院校。而臺灣的民間企業鴻海宣布首款電動車，將於 2022 年 3 月正式首發上路。鴻海指出在印尼等地的電動車布局都很順利。因此與印尼政府同時指出，2022 年第三季將在印尼爪哇地區設廠，初期投入 100 億美元生產特斯拉電動車，鴻海已經搶先進駐東南亞市場布局。

捌、臺商要取得清真食品認證，搶攻清真產品商機

臺灣商研院與印尼 LPPOM MUI 及 Djuanda 大學發展緊密合作夥伴關係，於 2018 年 5 月 24 日簽署合作意向書。期能展開雙方實質交流合作，協助臺商進攻全球清真產品市場。全球清真商機極大，但臺灣非屬穆斯林國家，全球穆斯林消費者不了解臺灣清真產品，臺灣如何提供符合國際清真產品與服務，尚欠周詳，未來臺灣若能與印尼政府指定唯一認證機構 LPPOM MUI 合作，將有助於臺商快速進入印尼及其他穆斯林國家的市場。臺灣的大專院校與印尼雙方共同認證的人才之培訓為當務之急。擁有全球最多穆斯林人口（2 億 7,000 萬）的印尼，最有條件成為全球清真產業中心，提升清真產業升級和品質，引入最新的技術與

商業模式，熱切期盼對清眞產品與市場研發已具能量與經驗的臺灣商研院，協助印尼快速發展成爲全球清眞產業重鎮。

臺灣飲料市場充滿創新，全球飲料市場高達 2.1 兆美元，且以每年 20% 速度成長。伊斯蘭信徒不飲酒，軟性飲料在炎熱氣候的東協國家印尼是主要飲品，若能取得清眞食品認證，是臺商在印尼投資飲料產業一大藍海。

臺灣商研院與印尼 NU 交流合作成爲政府新南向政策以來的重要里程碑，透過印尼 NU 的龐大組織與能量，結合商研院專家及臺灣企業的協力合作，找到臺灣印尼雙方互利共生的發展項目，共同爲印尼脫貧、就業、包容性成長做出實質貢獻，更爲臺灣企業開拓國際市場，創造更多商機。臺灣商研院提出五項提案供臺灣印尼雙方研發：(1) 清眞產業發展；(2) 地方創生；(3) 農業電商；(4) 在地餐飲；(5) 人才培育及長照系統的培植與發展。整合印尼學術界進行的創新計畫，爲印尼 NU 9,400 萬穆斯林會員的未來潛力產業發展方向，落實臺灣與印尼全方位產、官、學、研合作。

2021 年臺商受到疫情影響，在貿易拓銷產品出口印尼受到極大挑戰，但因臺灣駐印尼代表處和外貿協會共同努力，引入印尼買主赴臺人數不減反升，比去年同期成長 15%。

參考文獻

1. 李東明，2019，《看見印尼》，玉山社。
2. 童靜瑩、曹茹蘋、崔立潔（譯），2016，《聚焦東協》，易博士文化社。
3. 翟崑、王麗娜（譯），2017，《解讀東協》，遠流出版。
4. 天下雜誌編輯，2008，《前進新亞洲》，天下出版。
5. 劉必權，2008，《印尼‧東帝汶》，川流出版。
6. 餘佩儒、陳昌博，2020，〈印尼數位經濟〉，中經院。

7. 譚瑾瑜，2021年，〈把握後疫情時代的東南亞機遇〉，工商時報。

8. 駐印尼臺北經濟貿易代表處，2021，印尼‧雅加達臺灣貿易中心，臺印共創未來新供應鏈。

9. 中經院與印尼國家科學院，2020年12月20日，「臺印尼雙邊經濟合作協議（ECA）可行性評估」研究成果新聞稿。

10. 穀村真，2021，〈インドネシア2021-マクロ經濟分析とインドネシア動向〉，國際協力銀行，海外投資情報財團。

11. 福地亞希，2020，〈コロナ感染拡大によるイドネシア經濟への影響と見通し〉，國際通用研究所。

12. 黑柳米司、金子芳樹、吉野文雄，2019，〈ASEANを知るための50章〉，明石書店。

13. 佐藤百合，2004，〈インドネシアの經濟再編〉，アジア經濟研究所。

14. ASEAN經濟統計基礎資料，2021年8月，目で見るASEAN アジア大洋州局地域，政策參事官室。

Chapter *5*

印尼經濟發展新趨勢
——《創造就業綜合法》

張李曉娟[*]

* 日本廣島大學法律學博士，現任環球科技大學應用外語系專任副教授。

　　伊莉莎白・皮莎妮（Elizabeth Pisani）形容印尼這個美麗島國爲「眾神遺落的珍珠」，精確地描繪出這個橫跨亞洲與大洋洲，由 17,508 個島嶼組成，人口超過 2.7 億，又稱爲「萬島之國」的東南亞國家。過去對於印尼的印象多是在藍天白雲襯托下，綠色椰葉灑落的陽光裡，島國人民臉上漾出美麗熱情的笑容。曾幾何時，國內示威遊行頻傳，人民不畏新冠肺炎威脅，斂起笑容上街抗議，反對 2020 年《創造就業綜合法》的實施；特別是 2021 年 11 月 25 日印尼憲法法庭宣布這部法律部分違憲，限期兩年內完成修正。

　　究竟何以這部法律的制定會讓印尼朝野震動，甚至可能影響經濟發展穩定，有必要深入了解其制定背景、重點內容與其主要爭點。以下共分三節，第一節印尼經濟發展概況，釐清有關法律制定的背景；第二節印尼《創造就業綜合法》的內容，說明新法主要修訂項目；第三節印尼《創造就業綜合法》的問題，最後提出未來應重視之發展課題與展望。

第一節　印尼經濟發展概況

壹、佐科威總統推動的經濟政策

　　有關印尼的法治、經濟發展歷程，在第一章、第二章已有詳細的敘述，此處不再贅言。眾所周知，1998 年金融風暴導致強人蘇哈托的下臺，印尼結束 32 年的軍事威權統治；這個充滿了文化的多樣性，有著 360 個不同民族和 719 種語言的國家，進入民主化的改革時期。印尼採取共和國體制，由選舉產生總統與國會，首都位於雅加達。2014 年印尼總統大選，佐科威（Joko Widodo）勝出，啓動新的政權。

　　佐科威執政以經濟自主與成爲海洋大國爲總體目標，推動一站式服務（PTSP），簡化投資審核行政程序，同時制定最低薪資政策，以保障勞工權益並兼顧企業投資意願；2019 年再度連任後，持續推動基礎

建設，強調人才培訓之軟體建設，發展人力資源與技職訓練，並逐步鬆綁法規。目標在於 2045 年前將國民年收提高至人均 3.2 億印尼盾（約 21,000 美元）。（駐印尼代表處，2021）有關印尼長期計畫目標，請參考表 1。

佐科威總統在 2019 年 10 月的第二任就職演說中之施政目標，包括：(1) 將 GDP 提高到 7 兆美元（按 2011 年購買力平價計算）；(2) 成為世界五大經濟體之一；(3) 消除貧困；(4) 擺脫中等收入陷阱，成為先進國家。其後，印尼公布國家中期發展計畫，分四個五年期，從 2020-2024 年開始（第 18/2020 號）。施政優先事項包括：建設一支勤奮、充滿活力、技術嫻熟、精通科學技術的勞動力隊伍，持續推動基礎設施建設，簡化、減少和削減所有形式的阻礙性規範。改善官僚體制，實現經濟轉型。（OECD, 2021）

表 1　印尼國家發展計畫──2045 年長期計畫目標

2045 年長期計畫目標	1986-2015 年	2016-2045 年	
		方案 1	方案 2
經濟成長率	5.1%	5.1%	5.7%
GDP 世界排名	16	7	5
個人 GDP	3,378 美元	19,794 美元	23,199 美元
成為高所得國家	--	2038 年	2036 年

資料來源：松井和久（2020）。

貳、新冠肺炎（COVID-19）危機下的印尼經濟

當 2020 年新冠肺炎開始蔓延全球，各國採取防疫措施防堵疫情，印尼也實施境管及封城，對經濟貿易造成嚴重打擊，原本年年維持在 5% 以上的經濟成長率，2020 年跌至 -2.1%。根據經濟合作暨發展組織

（OECD）報告指出，從 1997 年金融風暴後 20 年來的經濟成就，再次受到挑戰。以經濟成長率 GDP 來看，OECD 分析，2020 年雖然降至 -2.1%，但是預期 2021 年將反彈至 4.9%，2022 年甚至將恢復成長為 5.4%。

這樣的觀察，係對 2020 年通過的《創造就業綜合法》（*Omnibus Bill*）投注以相當的期待，印尼所謂的綜合法（omnibus laws）此一法律用語，是指改革廣泛政策領域多項法規的法律。該法於 2020 年 10 月 9 日國會通過，並於 11 月 3 日總統批准簽署。《創造就業綜合法》共計 186 條，在勞動、經商、投資、稅收和土地採購等 10 個主要領域，修訂了 79 項法律，並取消了數千項法規。（OECD, 2021）

世界銀行（IMF）同樣也有類似的看法，IMF 認為在印尼政府消費和淨出口的帶動下，隨著遏制措施的放鬆和政府的大力支持，從 2020 年 7 月開始經濟活動出現反彈。但是由於疫情蔓延的不確定性及疫苗接種速度緩慢，預計 2021 年經濟將漸進性復甦。而來自印尼政府之政策支持和全球經濟改善可能是主要驅動力，其次是對疫苗接種計畫的推動與信賴。（IMF, 2021）

第二節　印尼《創造就業綜合法》的內容

壹、改善投資環境、破除壁壘

印尼投資協調委員會（BKPM）指出，《創造就業綜合法》鬆綁印尼法規體系，共有 77 項法律簡化為單一法規。BKPM 認為，制定新法有其迫切性，例如：增加商業運作的便利性、中央政府與地方政府政策疊床架屋、貪汙認知指數低、法規氾濫、就業需求高、各部會本位主義等；實施新法的優點在於改善投資環境、創造法律確信、協調中央與地方政策、減少並預防貪汙、簡化法規、創造大量就業機會，以及提供中

小企業與合作社的保護與設備。

特別是有關就業問題，根據 OECD 的統計資料，截至 2019 年為止，印尼的人口約 2.7 億，其中 15 歲以上年輕人口 2,620 萬、65 歲以上老年人口 610 萬，也是人口數最多的伊斯蘭國家。印尼投資部特別強調，國人急需就業機會，初估 2019 年國內失業人口約 700 萬、畢業生投入職場的社會新鮮人約 300 萬人，加上受到新冠肺炎影響的勞工約 500 萬人，合計共 1,500 萬人有就業需求。（BKPM, 2021b）

這部修訂國內 77 項甚至更多法律的新綜合法，頁數將近千頁，內容繁雜；OECD 整理出主要的內容包括：

1. 調降離職金，從最高 32 個月減少到最高 19 個月的工資。

2. 離職津貼最多 6 個月，由政府以失業保險的形式承保，並獲得培訓和就業市場／機會。

3. 重新制定最低工資，以 GDP 成長、通貨膨脹等為計算基礎。

4. 調整有關外包和契約工的規定。

5. 建立土地銀行，根據土地的合法用途／所有者簡化管理和重新分配土地。

6. 考慮到風險水準，簡化商業登記要求（特別是只有高風險投資才需要進行環境影響評估研究）。

7. 釐清地方（即省和直轄市）和中央政府在處理投資許可方面的功能。

8. 取消對外國投資的現有限制，但六個部門（麻醉品、賭博、化學武器、破壞臭氧層物質、珊瑚開採和瀕危物種捕撈活動）的負面清單除外。

9. 修訂《所得稅法》、《增值稅法》、稅收總則和指引規定。

10.創建主權財富基金，以吸引外資作為基礎設施項目的共同投資者。

相關的施行細則陸續起草、公布中，特別是第 10/2021 號總統令，

規定了列入優先投資清單的行業和六個禁止行業。第 7/2021 號政府條例，要求政府和地區行政部門將 40% 的採購預算分配給小企業。第 34/2021 號政府條例，提供有關雇用外國人更寬鬆的條款。（OECD, 2021）

貳、修訂《投資法》、《公司法》

我國駐印尼代表處（Taipei Economic and Trade Office, Jakarta, Indonesia）經濟組整理出若干修正重點。首先是針對印尼《投資法》（*Capital Investment Law*）的修改，依據現行《投資法》規定，以正面表列方式逐項開放民間可以投資的產業類別。有關印尼投資的主要法規是 2007 年 4 月 26 日公布的新《投資法》（No. 25/2007），該法將 1967 年《外商投資法》（*Foreign Investment Law*）及 1968 年《本國投資法》（*Domestic Investment Law*）整合為單一法規，無論內資、外資公司都一併納入。2020 年新法將投資產業類別改採負面表列方式表達。駐印尼代表處認為，這樣的修訂雖然簡單，但預計後續 BKPM 就必須重新訂定相關規定，全面改寫目前以正面表列開放民間投資的產業類別及相關規定。

其次，針對印尼《公司法》（*Company Law*）加以修改。現行《公司法》開放「責任有限公司」（Perseroan Terbatas, PT）一種型態，所以開設任何印尼公司，至少需要兩名股東、並須符合最低資本額與資本到位的相關規定[1]。新法則加以部分修改：(1) 有關設立「股份有限公司」

---

1 根據印尼投資2021年4號部長令（Peraturan BKPM No.4/2021）第12條第(7)項（2021年6月2日生效），一般外資企業在印尼投資最低投資金額門檻須達100億印尼盾（約70萬美元），原則上投資總額的四分之一須於開始投資時匯入公司指定帳戶；若四分之一未達100億印尼盾者，至少亦須匯滿100億為到位資金，並以相關銀行所核發之驗資證明或收據作為證據。（經濟部國際貿易局，2021）

的最低資本額予以取消，但維持公司資本額的 25% 須先行到位的規定；
(2) 有關「小型與微型企業」的獨資例外：現行《公司法》並無任何例
外規定，所以即便是小型或微型企業之設立，亦必須找到兩名或以上的
股東合資，方能設立公司。本次新法針對小型與微型企業的設立，可以
例外設立僅有 1 人的單一股東公司。

再者，針對印尼「營業項目登記」（Business Licensing）放寬審核。
現行印尼《公司法》的規定，各項營業項目原本應逐一申請核准，取得
「營業項目登記證」方得從事該特定項目之營業。新法大幅開放相關預
審機制，未來將改依據產業的風險特性，分爲四級給予不同的規範：

一、「低風險」（low）營業項目

僅須提供個人身分證或營利事業登記證字號，完成登記後即可從事
該項營業項目。

二、「中低風險」（medium-low）營業項目

除個人或法人登記字號之外，再由負責人提出書面資料，提供具有
相關能力從事該營業項目之補充說明即可完成登記。

三、「中高風險」（medium-high）營業項目

除個人或法人登記字號之外，另須提供符合相關國家標準之證明
檔，完成登記。

四、「高風險」（high）營業項目

除個人或法人登記字號之外，另須獲得政府核發的許可營業執
照，始能完成登記並從事該項業務。

駐印尼代表處觀察，上述各風險類別制度的設計，預計將大幅放

寬現行全部預審的繁瑣流程，讓民間企業的運作更爲自由暢通。未來若搭配現已實施的「線上單一申請」（Online Single Submission, OSS）機制，相信更有利於民間企業在印尼市場的運作，減少或排除現有層層審核的陋規。（駐印尼代表處，2020）

參、修訂《勞動法》

其中，最具爭議性的修正，就是有關對印尼《勞動法》（*Manpower Law*）的修改。這也是新法最具爭議性的部分。2020 年 10 月佐科威總統核准簽署新法，印尼各大城市陸續爆發大規模的勞工示威活動，印尼工會聯盟等超過 30 個工會，領導來自紡織、能源和汽車等行業的勞工抗爭，該法也被環保人士抨擊，勢必導致環境破壞。

相關重要的修改項目包括：

一、勞工離職金發放標準的放寬

根據現行《勞動法》的規範，勞工以終身雇用爲原則，資方因故加以解雇時，除發給資遣費之外，尚須另計其服務年資，加兩倍發給離職金（例如工作滿 1 年加發 2 個月、工作滿 10 年加發 20 個月薪資，以此類推）。新法規定在特別的解雇情況下，包括公司併購、重整等情況下，刪除核發離職金的規定。

二、外包與派遣契約的放寬

印尼《勞動法》爲保護勞工的終身職，原對外包工作與派遣合約有極嚴格的規定，原則上主要核心工作必須聘雇終身職勞工處理，另以正面表列的方式明訂其他各項輔助性工作，可利用外包處理或交由派遣工負責。新法則刪除正面表列的項目之限制，增加公司彈性處理的空間。

三、一年期員工聘雇契約的放寬

　　現行印尼《勞動法》在保障勞工的終身職之外，也例外的允許企業在特殊情況下，得聘用短期員工，但期限不得超過 1 年；期滿若須再聘，則必須改為終身職。本新法直接刪除最長 1 年的上限，但強調具有永久性的工作必須聘雇終身雇用員工。駐印尼代表處認為，這些修訂或有利企業用人彈性，促進企業整併、改善體質與效率，但部分勞工團體則堅持反對，不應任意剝奪勞工的權益。（駐印尼代表處，2020）

　　上述提及的新法修訂重點，也都是 OECD 特別注目之處。其中，有關勞工法規的部分引起極大爭議，於第三節中進行詳論。

第三節　印尼《創造就業綜合法》的問題點

壹、印尼勞資關係類型

　　提及印尼勞資關係的發展，大多以 1998 年作為主要分期點，主要原因是受到國際勞工組織（International Labor Organization, ILO）的約束。1998 年 ILO 宣布所有會員國應該立即簽署 ILO 八大核心條約，並修訂國內相關規定。根據印尼大學法學院阿洛伊修斯（Aloysius Uwiyono）教授的分析，1998 年以前印尼的勞資關係是傾向社團主義類型（Corporatist Model or Regulatory Model），1998 年簽署 ILO 相關條約後才轉而朝向契約主義類型（Contractual Model）發展。

　　該分類法源自於美國哥倫比亞法學院教授塔瑪拉‧路西安（Tamara Lothian），她研究各國歷史演進過程，歸納出兩種勞資關係影響勞動法發展模式，一種是社團主義類型，另一種是契約主義類型。前者政府介入勞資關係比較深，制定出最低基準的勞工法規，勞資雙方必須依循法規，否則將被課以罰則；後者的政府功能較受限，勞動條件由勞資雙方訂立的契約決定，換言之勞資雙方基於各自利益來協商訂立契約，確

認其勞動條件。

阿洛伊修斯認為在 1998 年之前，印尼和法國、紐西蘭、德國等國類似，都是屬於社團主義類型。無論是荷蘭殖民地時期或是 1945 年印尼獨立以後，政府介入勞資關係推動立法的程度很高，例如 1951 年第 1 號法規範雇用問題，包括工作時間、休假、童工權利等，1951 年第 2 號法賦予雇主對職業災害勞工加以賠償的義務，1954 年第 21 號法明定登記合法的工會始有權利參與集體協商，1957 年第 22 號法要求勞資爭議必須經過調解來解決問題、勞工實施罷工或關廠前必須提報政府取得同意，1964 年第 12 號法禁止私部門恣意解雇勞工，1970 年第 1 號法要求雇主提供安全衛生環境並提供安全設備，1981 年第 8 號政府條例有關工資保護、1992 年第 3 號法要求符合一定條件之雇主必須加入社會保險等。（Aloysius, 2006）

貳、1998年印尼《勞動法》與國際接軌

凡發展中國家最常遇到的經濟發展瓶頸，不外就是缺乏資金與缺乏技術，印尼也不例外。為積極引進外資，必須提供更柔軟的投資環境，包括豐富且低價的勞力與較寬鬆的法規，這也引發所謂社會傾銷（social dumping）的批評。1998 年以後，印尼在國內外壓力下，進一步批准 ILO 五項核心條約，加上之前已批准的三項，共計八大條約，並逐步轉置於國內法。例如 2000 年第 21 號法將原來單一工會體系修正為多工會體系，以及 2003 年第 13 號《勞工法》、2004 年第 2 號法有關勞資爭議解決規定、2004 年第 39 號法強化外國人工資保護等。其中，2003 年第 13 號《勞工法》也是現行的主要勞工法規，而 2004 年第 2 號法建立新的爭議制度，要求勞資雙方使用勞資關係法庭，盡量避免走向自願仲裁。（Aloysius, 2006）

簡言之，印尼《勞動法》的特色在於其隸屬於 ILO 的會員國，批准 ILO 核心契約並逐一轉置於國內法，法規環境與國際接軌，以清楚

回應有關社會傾銷的抨擊。早發生在 1998 年的這波折衝、逐步內化為國人法律確信後，已經成為印尼 20 多年來的經濟發展基礎。2020 年新冠肺炎疫情嚴重打擊印尼經濟，陷入經濟負成長導致危機，佐科威總統為改善投資環境而推出的新法，鬆綁各項法規，卻難免再次招致來自各界的反對。有關新法鬆綁法規導致之爭議，請詳見表 2。

民間團體認為這部《創造就業綜合法》有違憲之虞，向印尼憲法法庭提起違憲審查；2021 年 11 月 25 日憲法法庭首席大法官安華（Anwar Usman）宣布，這部法律的部分條文在制定時有程序上疏失，包括部分條文在國會立法後才又做修改；這些條文若未能在兩年內修正完成，將被視為「永久違憲」。印尼憲法學者尤斯里爾（Yusril Ihza Maherndra）教授對此表示不感驚訝也不意外。至於印尼工會聯盟（KSPI）主席薩依德（Said lqbal）則表達勞工高度感謝這個判決，強調正義得以伸張。

表 2　印尼《創造就業綜合法》主要爭議

法案爭議點	修法內容	參考依據
基本薪資	一般企業發放工資不能低於基本工資規定。最低工資將由印尼各省省長規定，且須參考各地經濟成長情形及通貨膨脹情形制定。微型或小型企業如果勞資雙方同意，可給予員工低於最低薪資的薪水。 註 1：印尼微型企業定義為不含土地廠房之淨資產 5,000 萬印尼盾（約新臺幣 10 萬元）以下或年銷售額 3 億印尼盾（約新臺幣 60 萬元）以下之企業。 註 2：印尼小型企業定義為不含土地廠房之淨資產超過 5,000 萬印尼盾（約新臺幣 10 萬元）、5 億印尼盾（新臺幣 100 萬元）以下，或年銷售超過 3 億印尼盾（約新臺幣 60 萬元）、25 億印尼盾（約新臺幣 500 萬元）以下之企業。	《創造就業綜合法》（簡稱新法）、2003 年第 13 號法律（簡稱《勞動法》）第 88 條、第 88C 條、第 88D 條、第 88E 條及第 90A 條及第 90B 條之增修案。有關微、中、小型企業定義係參考印尼 2008 年第 20 號法律第 6 條。

法案爭議點	修法內容	參考依據
員工遣散費與離職補助	雇主解雇員工時，應支付員工遣散費（uangpesangon）及服務獎金（uang penghargaan masa kerja）。 遣散費依工作年資不同，員工遭解雇時，最多可領9個月工資作為遣散費，計算方式如次： 1. 年資少於1年，離職時領1個月工資； 2. 年資滿1年少於2年，領2個月工資； 3. 年資滿2年不到3年，領3個月工資； 4. 年資滿3年不到4年，領4個月工資； 5. 年資滿4年不到5年，領5個月工資； 6. 年資滿5年不到6年，領6個月工資； 7. 年資滿6年不到7年，領7個月工資； 8. 年資滿7年不到8年，領8個月工資； 9. 年資滿8年，領9個月工資。 服務獎金依工作年資不同，員工遭解雇時，最多可領10個月工資作為服務獎金，計算方式如次： 1. 年資滿3年不到6年，領2個月工資； 2. 年資滿6年不到9年，領3個月工資； 3. 年資滿9年不到12年，領4個月工資； 4. 年資滿12年不到15年，領5個月工資； 5. 年資滿15年不到18年，領6個月工資； 6. 年資滿18年不到21年，領7個月工資； 7. 年資滿21年不到24年，領8個月工資； 8. 年資滿24年，領10個月工資。 上述兩項離職津貼合計最高達19個月工資，由雇主支付給離職員工。另據印尼經濟統籌部簡報資料，印尼政府另提供失業民眾6個月離職補助金（jaminan kehilan-gan pekerjaan, JKP）。企業與政府合計總共提供遭遣散員工最高25個月工資之津貼。	新法、《勞動法》增修條文第156條、印尼經濟統籌部發布之澄清說明資訊。

法案爭議點	修法內容	參考依據
短期約聘雇勞工限制	依據現行《勞動法》第 59 條，可聘用短期約聘雇契約之工作性質包含： 1. 曾被完成； 2. 預計最多 3 年內可完成； 3. 季節性； 4. 與新產品、新活動、新實驗、新探索有關。 依據綜合法案中《勞動法》增修條文第 59 條，除上述 4 項工作性質，增列概括性條款：「5. 其他本質上非永久性之工作」。如約聘雇勞工工作性質不符合上述 5 項描述，則該約聘勞工契約自動轉換為無限期工作合約。	《勞動法》第 59 條、新法《勞動法》第 59 條增修案。
刪除外包員工工種規定及續約時程規定	依據現行《勞動法》第 66 條，外包勞工不得從事與雇主公司生產活動直接相關之工作。 此節在綜合法案生效後，將被刪除。 新法條另新增規定： 1. 外包員工如果中途被迫轉換服務的公司，其原本權益不能取消。 2. 外包公司必須是合法公司、擁有合法商業准證。	《勞動法》第 66 條、新法《勞動法》第 66 條增修案。
工作時數	依據現行《勞動法》第 77 條，正常工時為每週最多工作 40 小時，包含 2 種情形： 1. 每週工作 5 天，每天 8 小時； 2. 每週工作 6 天，每天 7 小時。 綜合法案未修改上述規定。 加班時數規定：現行《勞動法》第 78 條規定每日加班最多 3 小時，每週最多 14 小時；綜合法案生效後，每日加班時數上限改為 4 小時、每週最多加班 18 小時。雇主須依規定支付加班費。	《勞動法》第 77、78 條、新法《勞動法》第 77、78 條增修案。

法案爭議點	修法內容	參考依據
	特殊業別或工種可破例不須按照上述正常上班時間規定及加班時數規定，並可在勞資雙方同意下，彈性上下班。細節則由政府另立法制定施行細則。	
給薪假	依據現行《勞動法》，員工在下列情況下可請給薪假：生病、生理期第1及第2天、生產、陪產、參加婚禮、參加割禮、喪禮、盡宗教禮俗所約束之義務、在雇主同意下執行公會義務，以及在雇主同意下接受在職訓練等。綜合法案未修改此項規定，綜合法案生效後此項規定亦將繼續適用。	現行《勞動法》第93條（仍繼續有效）。
休息時間	依據綜合法案中《勞動法》第79條增修案，規定勞工每工作4小時至少休息1.5小時，每週至少休息1天，每12個月至少休假12天。	新法《勞動法》第79條增修案。
放寬外國人於印尼工作限制	特定工作才允許聘用外籍人士，其技能或經驗須符合職位工作描述。企業須預先向政府申請外國人職缺，獲准後才能申請外國人工作簽證。下列外籍人士除外： 1. 持股一定比例之公司董監事成員； 2. 外交領事人員； 3. 在下列情況下須聘用外籍專業人士來印尼進行短期工作： (1) 工廠因緊急事故停止生產； (2) 進行職業訓練； (3) 商務洽談； (4) 新創事業； (5) 調查研究。 禁止個人名義聘用外籍勞工，亦禁止外國人擔任公司人事主管。	新法《勞動法》第42條增修案。

資料來源：駐印尼代表辦事處（2020），本研究整理。

參、印尼經濟的未來課題與展望

相對於憲法法院的判決，印尼經濟統籌部部長艾爾朗加（Airlangga Hartarto）回應尊重法院判決，並承諾在法律修正完成前，不再發布其他施行細則。印尼憲法學者尤斯里爾教授建議，為避免憲法法院的判決造成政府施政陷入癱瘓，應迅速採取行動加以解決；未來可以由法律人權部來主導修訂法律的專責單位，並成立國家立法部，組織整理從中央到地方的所有法律。OECD 原本期望印尼推動相關法規，改善投資環境，預估 2022 年經濟成長率能夠恢復至 5.4%；此有賴於該新法的及時修正，穩定印尼整體的經濟環境。

特別是印尼投資協調委員會（BKPM）指出，儘管印尼經濟成長因疫情而減弱，但在 2021 年第三季，經濟增長顯示反彈回升，即 3.51%。BKPM 認為印尼未來商機無限的行業，有以下幾個項目。

一、電子商務

根據相關報告（We are Social Indonesia Digital Report 2021），印尼是世界上電子商務銷售額最高的國家。多達 87.1% 的 16-64 歲印尼網路用戶進行線上交易，每用戶平均收入（ARPU）為 219 美元。與此同時，2021 年每用戶平均收入（ARPU）將達到 248.33 美元，預計收入為 39,398 美元。因此，電子商務是印尼未來最有錢景的商機之一。

二、旅遊業

作為東南亞最大的群島，印尼由 17,000 多個島嶼、700 多種語言和方言以及各種文化組成。旅遊業是印尼國家收入的重要部門之一。前往印尼的外國遊客人數逐年增加，2019 年，超過 1,600 萬外國遊客到訪印尼。旅遊業在印尼開闢許多商機。此外，政府還為來自 169 個國家的外國遊客提出免簽證政策，將吸引愈來愈多的外國人造訪印尼。

三、製造業

作爲世界第十大製造國，印尼的製造業熱門且充滿前景的商機。該部門雇用了印尼 20% 以上的勞動人口，約有 2,500 萬人。印尼出口之優質產品有礦物燃料、礦物油及其蒸餾產品、礦物蠟、瀝青物質、動植物脂肪和油類。未來製造業會更突飛猛進發展，政府也推動相關商業許可和投資政策，並提供投資者一定的優惠措施。

四、基礎設施

自 2018 年以來，佐科威總統專注於發展基礎設施。印尼政府制定 2025 年實現可再生能源使用率 23% 和 2050 年可再生能源使用率 31% 的目標。印尼在開發可再生能源方面具有巨大潛力，足以實現目標。其海域寬廣，可以提供海上風力發電廠和水力發電廠各項建設。除此之外，印尼擁有豐富的風能、太陽能和生物能源開發資源，如生物質／生物殘留物。印尼位於熱帶，一年四季陽光充足，對於發展光能和太陽能熱能非常有利。這些能源加熱、冷卻和傳輸應用後，都可以提供發電。（BKPM, 2021a）

綜上所述，印尼具有豐富的天然資源與充沛的人力，連年經濟成長率達到 5%，雖然 2020 年遭遇疫情，經濟陷入危機，但 2020 年有逐漸復甦的現象。2020 年爲營造良好的投資環境並提供國內 1,500 萬失業人口所提出的《創造就業綜合法》，針對《投資法》、《公司法》、《勞動法》等各領域進行廣泛的修正。由於印尼早在 1998 年起，國內法規環境已經逐步與國際接軌，也建立印尼國人對法律之確信。新法的推動過程過於倉促，內容也有討論的空間，於是引發嚴重抗議。2021 年 11 月憲法法院宣布新法部分違反《憲法》，這也再次考驗印尼政府面對經濟發展瓶頸，要吸引外資並強化產業技術，在提供柔軟的投資環境與鬆綁法規之際，如何平衡國人對於法律權益保障及自然環境保護的問題，

未來發展值得期待。

參考文獻

1. 中央社（2020），〈印尼就業環保新法救經濟勞工抗議延燒〉。

2. 伊莉莎白・皮莎妮（2015），《印尼etc.：眾神遺落的珍珠》，聯經。

3. 許文志、張李曉娟（2014），《日本中小企業經營管理》，五南。

4. 經濟部（2020），〈印尼投資環境簡介〉。

5. 經濟部國際貿易局（2021），〈印尼投資法規及程序〉。

6. 駐印尼臺北經濟貿易代表處（2021），〈印尼臺商投資環境報告〉。

7. 松井和久（2020），〈インドネシアにおける投資誘致のためのオムニバス法（創造就業綜合法）とその影響〉，国際機関日本アセアンセンター。

8. Aloysius Uwiyono, 2007, Indonesian labor law reform since 1998, Indonesian Jurnal Hukum International.

9. Indonesia Investment Coordinating Board/BKPM, 2021.2.25, 2021a, Bahlil: Omnibus Law Implementing Regulations as Sole Reference for Government and Businesses.

10. Indonesia Investment Coordinating Board/BKPM, 2021.3, 2021b, The Implementation of Online Single Submission (OSS) System for Business Licensing Based on Omnibus Law for Job Creation.

11. IMF, 2021, Indonesia Has an Opportunity to Boost Growth, 2021.3.3.

12. OECD, 2021, OECD Economic Surveys Indonesia, 2021.3.

13. Stanley Widianto, 2021, Indonesia court orders government to revise controversial labour law, Reuters. 2021.11.25.

14. Tamara Lothian, 1986, The political consequences of labor law regimes: the contractualist and corporatist models compared, *Cardozo Law Review*, Winter vol.7: No.1001.

Chapter *6*

印尼的農業經濟發展

尤澤森[*]

* 中興大學園藝系博士，現任環球科技大學生物技術系助理教授。

　　農業在人類生活中發揮著重要作用，因爲它提供食物、牲畜飼料和生物能源。農業在支持國民經濟，特別是在實現糧食安全、提高競爭力、吸收勞動力和減少貧困方面的作用非常重要。此外，鼓勵下游農產工業增長，刺激農產品出口，可增加國家的外匯。另一方面，提供社區糧食需求是一項艱鉅的任務，2050 年印尼人口預計將達到 3.22 億人，僅次於中國、印度、奈及利亞和美國，居世界第五位（聯合國，2017）。2015-2019 年期間，農業成爲支撐國民經濟發展的重要部門。工作內閣「NAWACITA」的優先議程爲指導農業發展以實現糧食主權，包括：滿足國內生產的糧食需求、獨立調節糧食政策，以及保護和繁榮作爲糧食農業業務主要參與者的農民。爲實現「NAWACITA」*目標，農業部實施了將農業重新定位爲國家發展動力的戰略，包括：(1) 實現大米、玉米、大豆、辣椒、小蔥和糖的自給自足以及肉類生產；(2) 增加食物多樣化；(3) 增加附加價值和有競爭力的商品以滿足進出口替代市場的需求；(4) 生物工業、生物能源原料供應；(5) 增加農戶收入；(6) 政府官員的良好績效問責制。

　　農業部爲實施該戰略所做的努力包括：(1) 增加土地供應和利用；(2) 改善農業基礎設施；(3) 種子／種苗物流的開發和擴展；(4) 加強農民制度建設；(5) 發展和加強融資；(6) 發展和加強生物產業和生物能源；(7) 加強農產品市場網絡建設。

　　加強糧食安全狀況和提高競爭力可以從農業部門的總體狀況和問題中看出。

　　*2015-2019 年印尼農業發展總體情況從宏觀指標成果、戰略農產品產量等農業績效成果可以看出如下：

　　1. 透過自由和積極的外交政策、可靠的國家安全和基於國家利益的綜合國防發展，與加強作爲海洋國家的認同感，恢復國家並爲所有公民提供安全感。

2. 建立廉潔、有效、民主和可靠的治理，防止政府缺席，優先透過政黨制度、選舉和代議制改革，繼續鞏固民主，努力恢復公眾對民主制度的信任。

3. 在單一國家框架內加強地區和村莊，從外圍建設印度尼西亞。

4. 透過改革無腐敗、尊嚴和可靠的制度和執法來自強我國。

5. 透過「智慧印度尼西亞」計畫提高教育和培訓質量，提高印度尼西亞人民的生活品質：2019 年，通過鼓勵土地改革和 9 公頃土地所有權計畫、降低生產成本、補貼村屋計畫和社會保障計畫，藉「印度尼西亞工作」和「印度尼西亞繁榮」計畫改善人民福利。

6. 提高人們在國際市場上的生產力和競爭力，使印度尼西亞民族能夠與其他亞洲國家一起進步和崛起。

7. 透過主要國內經濟實現經濟獨立。

8. 透過重整國民教育課程的政策改革國家的性格，優先考慮公民教育，其中按比例分配教育的各個方面，例如教授國家建設的歷史、愛國主義和愛國主義的價值觀。

9. 加強多樣性教育和創造公民對話空間的政策，並加強印度尼西亞的社會恢復。

第一節　農業指標

壹、國內農業生產總值（GDP）

2015-2019 年期間，農業 GDP 呈現顯著增長趨勢。2017 年和 2018 年 GDP 增長達到 3.6%，相比 2015 年僅 3%，有相當高的增長。2019 年，由於旱季較長，糧食作物產量迅速下降（圖 1）。

圖 1　國內農業生產總值之成長（2015-2019 年）（印尼農業部網站）

　　農業部門是一個對 GDP 貢獻顯著的部門，儘管由於非農業部門的增長相對較快，其作用正在下降。2015 年，狹義來說農業部（糧食作物、園藝、種植園和畜牧業分部門）對 GDP 的貢獻率爲 10.27%。2019年，農業對 GDP 的貢獻率降至 9.41%。農業的貢獻的下降表明，最初以農產品爲主的國民經濟向其他部門轉移。

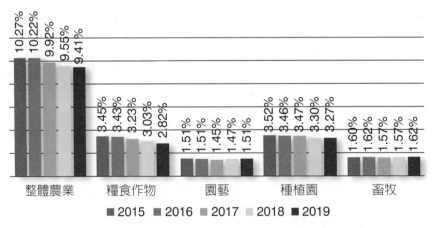

圖 2　各農業部門之 GDP（2015-2019 年）（印尼農業部網站）

貳、人力資源

根據中央統計局的數據，印尼人口仍以農業部門為主，2019 年總勞動力 13,356 萬人，而從事農業者 3,187 萬人，占總人數 25.19%。

圖 3　從事農業者數量（2015-2019 年）（印尼農業部網站）

參、農民匯率（NTP）

NTP 是反映農民增收能力的相對指標。NTP 的計算方法是將農民收到的價格指數（It）與農民支付的價格指數（Ib）進行比較，可用於衡量將農民出售的產品與農民在家庭生產和消費中所需的產品進行交換的能力。NTP 數字也可以表明農產品與其他產品相比的競爭力水準。2019 年 NTP 較 2018 年增長 0.91%。NTP 增幅最大的是園藝子行業，為 2.54%，最低的是畜牧業子行業，為 0.63%。同時，NTP 在種植園（棕櫚、橡膠等）行業下降 0.15%。

除 NTP 外，政府還使用農企業匯率（NTUP）來衡量農企業的成功水準，該指標基於農產品銷售價格上漲／下降與農業生產價格上漲／下降相比。依據中央統計顯示，2015 年的 NTUP 值（不含養殖業）僅為 107.44，並且在 2019 年之前顯著增加，NTUP 值為 112.17。也就是農

產品的盈利能力在貿易條件上有所提高。

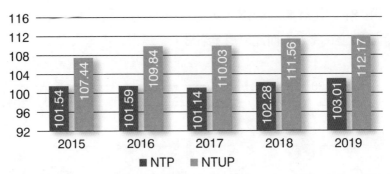

圖 4　農民匯率（NTP）和農企業匯率（NTUP）（2015-2019 年）（印尼農業部網站）

肆、淨出口

　　農業淨出口呈波動趨勢，2015 年貿易順差達到 135.5 億美元，2016 年減少至 107.9 億美元，2017 年再次增加至 163.3 億美元。然而，2018 年，隨著世界經濟增長放緩，農業部門貿易差額下降至 101.9 億美元。這情況一直持續到 2019 年，貿易餘額僅為 85.9 億美元的順差。總的來說，種植園行業（棕櫚、橡膠）是貿易順差的主要貢獻者。

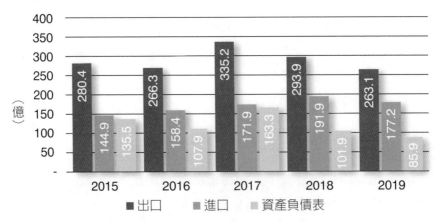

圖 5　農業淨出口（2015-2019 年）（印尼農業部網站）

伍、投資

2015-2019 年期間，國內投資（PMDN）的農業部門投資顯著增加。這可以從 2015 年達到 12.4 兆印尼盾的國內投資額中看出，2016 年增加到 21.5 兆印尼盾。2018 年為 29.6 兆，並再次增加到印尼盾。2019 年為43.6 兆。

農業領域外商投資（PMA）方面，2015 年投資額為 28.7 兆印尼盾，2019 年為 13.4 兆印尼盾。與糧食作物、園藝和畜牧業子部門相比，國內或國外投資（PMDN 和 PMA）主要於種植園（棕櫚、橡膠）。2015-2019 年，種植園子行業（棕櫚、橡膠）實現國內外投資貢獻 95.51%、糧食作物 0.26%、園藝 0.16% 和畜牧業 4.02%。

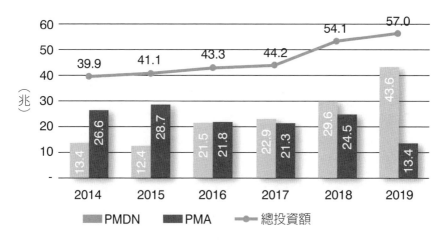

圖 6　農業國內外投資量（2015-2019 年）（印尼農業部網站）

第二節　印尼農業未來展望

壹、提升國外對農業投資政策方向

在佐科威總統領導下為了提升國外對農業投資，使出幾個政策如下（Petra, 2021）：

1. 線上申請投資許可（Online Single Submission, OSS）。
2. 鼓勵國內和國外合作。
3. 批准《創造就業綜合法》（*Omnibus Law*）：
   (1) 除了戰爭相關裝備製造行業以外，其餘行業如農業、教育、森林、房地產、養殖業、交通、發電廠、醫療等均可投資。
   (2) 簡化投資許可程序。

貳、印尼戰略目標對農業之提升

農業部在 2020-2024 年中期國家發展計畫確定的目標，結合以往農業政策評估結果、當前戰略問題和未來預測，並兼顧人民願望而制定。2020-2024 年期間要實現的戰略目標和關鍵績效指標是：

1. 增加國內戰略糧食生產的供應。
2. 全國農產品出口量增長。
3. 降低被目的地國拒絕的農產品出口商品的百分比。
4. 提升國家戰略食品安全和質量的百分比。
5. 解決檢疫違規案件的百分比。
6. 農業創新技術利用，有效的提升農業指標。
7. 根據需要提供農業基礎建設和設施。
8. 控制病蟲害的傳播和氣候變化對植物和動物疾病的影響。
9. 提高人力資源和國家農業機構的質量。

10.農業部有效、高效和服務型官僚機構的實施。

11.農業部預算責任與質量管理。

參、國外投資印尼農業之方向與建議

批准《創造就業綜合法》後之相關政策下，降低投資申請門檻，提升外國到印尼投資。除牽涉軍火設備以外，此政策也可用到各行業。因此，依據印尼農業部之未來 5 年發展計畫，以下提出幾個投資方向：

1. 農業資材之生產。

2. 植物肥料與農藥（包含天然資材）生產。

3. 動物營養劑生產。

4. 作物生產。

5. 農業設施建設。

參考文獻

1. 印尼農業部網站，取自網址：https://balitklimat.litbang.pertanian.go.id/wp-content/uploads/2020/05/Draft-Renstra-2020-2024-Final_3.pdf。

2. 聯合國，2017，〈World Population Prospects 2017〉，取自網址：https://www.un.org/development/desa/pd/sites/www.un.org.development.desa.pd/files/files/documents/2020/Jan/un_2017_world_population_prospects-2017_revision_databooklet.pdf。

3. Petra, M., 2021. Indonesia's omnibus law on job creation: reducing labour protection in a time of COVID-19. Labour, Equality and Human Rights (LEAH) Research Group. Monash University.

Chapter 7

印尼的環境現況、綠色成長及臺灣參與

張子見[*]

* 成功大學環境工程博士，現任環球科技大學觀光與生態旅遊系助理教授，曾任六輕相關
　計畫環境影響評估審查結論執行監督委員會委員。

　　印尼總人口約爲 2.73 億，是世界人口第四多的國家，也是最大的群島國，擁有豐富的能源和礦產資源。它擁有廣闊的熱帶雨林，是世界上生物多樣性最豐富的國家之一（OECD, 2019）。

　　1997-1998 年亞洲金融危機以來，印尼的經濟和社會發展迅速，數百萬人擺脫了貧困。然而，經濟成功帶來了極大的環境代價，森林砍伐和森林退化，整體強烈依賴化石燃料發電，使印尼成爲世界上最大的溫室氣體（GHGs）排放國之一（WRI, 2021a）。生物多樣性喪失的速度也在全球名列前茅，空氣汙染超過國際平均。基礎設施和廢棄物、水資源和運輸領域的服務供應不夠發達，難以因應人口增長和都市化衍生的壓力。毀林及泥炭地焚燒是溫室氣體排放的主要來源，也是生物多樣性喪失的關鍵因素。採礦、工業和農業造成的汙染，以及給水、汙水處理和廢棄物管理基礎設施不足，也給印尼的自然資本帶來壓力，亦影響了人民的福祉（OECD, 2019）。

　　本章探討印尼目前環境及影響未來產業發展、環保法規與國土規劃方向的永續綠色成長的狀況，以深入了解印尼環境政策的特性，並尋求臺灣非政府組織可以參與的面向。

第一節　環境績效

壹、實踐永續發展目標及生活環境品質

　　印尼已將永續發展目標（SDGs）[1] 納入其國家發展願景、計畫、政策和方案。印尼以總統令制定了展現該國永續發展目標承諾的法規，並建立國家發展規劃部（BAPPENAS）作爲部會內的協調小組。

---

[1] 聯合國所有成員國的世界領導人於2015年9月通過了永續發展目標（SDGs——也稱為全球目標）。他們設定了到2030年每個國家要實現的宏偉目標。（Bertelsmann Stiftung, 2021）

2009 年起印尼推行環境品質指數（EQI），用來評估整體環境績效，該指標基於三個指數的加權平均值：土地覆蓋（40%）和空氣指數與水質（各 30%）。2013-2016 年全國 EQI 在 64 分附近震盪（2015 年的峰值為 65.5），屬於「差」的水準，低於 2015-2019 年國家中程發展計畫（RPJMN）設定的 68.5 分（BAPPENAS, 2016）。

印尼在第 32/2009 號《環境保護與管理法》中承諾強化環境教育，並且加入了聯合國 2005-2014 年教育十年永續發展。《環境保護與管理法》還包括環境資訊的知的權利，然而，在實踐中，許多關鍵的企業環境數據尚未系統性地主動披露（MoEF, 2017a）。

強勁的經濟成長、持續提高的生活水準、人口增長和快速都市化，導致能源消耗不斷增加。用電量自 2005 年以來幾乎倍增，超過 GDP 和人口增長幅度。運輸部門消耗最多能源，達 43%，其次是工業 34% 和住宅部門 16%。根據 OECD 的預測，2030 年電力需求將倍增，到 2040 年能源需求將再倍增，2050 年將增加 3 倍，2060 年將增加 5 倍。（MoEMR, 2020）

貳、水資源管理

印尼水資源豐富，估計擁有全球 5% 的水資源（MoEF, 2011），水資源壓力低；然而，分布不均、季節性變化、水消費量增加和管理不善等因素，正在一些地區造成水資源壓力，包括爪哇、峇里島、馬魯古和北馬魯古（WRI, 2021b）。預計水資源壓力將隨著持續都市化、經濟成長、氣候變化和土地利用而變化（影響地下水補注）（Luo, Young and Reig, 2015）。同時，印尼自然環境容易發生洪水，相關風險正在增加，洪水易發地區的定居和經濟發展以及土地利用的變化（砍伐森林、濕地排水和轉為農業用途），使河流集水區的緩衝能力降低。在 2016 年，取水估計 1,750 億噸，2000 年農業占 82%，市鎮服務占 12%，工

業占 6%（WEPA, 2018）。

　　近幾十年來，地下水位急劇下降，造成了環境問題，例如沿海地區土壤鹽鹼化及地層下陷。在雅加達，一些沿海地區在過去 40 年裡下降了 4 公尺；現在大約有 40% 的首都低於海平面（Kimmelman, 2017）。取水許可證由區政府頒發，除非它們涉及跨轄區水體，在這種情況下負責機構在上一級。取水許可證通常執法不力，非法水井很常見，工業取水沒有監測（OECD, 2016a）、小型用水戶不受監管，鑒於他們的總數量，從長遠來看可能會損害地下水的永續性。

　　河流和湖泊的水質很差，並且在過去十年中更加惡化。環境與林業部的目標是到 2019 年將水質至少改善到 WQI 55 的水準，主要行動為針對 15 個優先流域（包括爪哇的 Citarum 和 Ciliwung 和加里曼丹的 Kapuas）進行整治，並專注於改善環境背景（透過連續水質監測系統和汙染物負荷及其清單源），建設小型生物消化槽和汙水處理設施，及周邊產業參與。2016 年，六分之二標的河川有改善跡象，而 4 條則水質不變或惡化（MoEF, 2016）。關於水汙染防治的第 82/2001 號政府條例，確立了一般性水質標準和分類框架，有四種用途的水體（用於給水、娛樂、漁業和農業）。根據規定，如果河流跨越地區邊界，省政府必須確定河川水位和承載能力，清查現有汙染源並制定水質標準。部級法規制定了各種汙染源的排放標準濃度和最大負荷，地區政府則基於上級單位制定的框架，決定監管個別工業設施的廢水排放標準。法律要求廢水排放許可證考慮到受體河流的水質和承載力，然而，由於各級行政部門之間缺乏協調，經常有任意設置排放標準的情況發生（Fatimah et al, 2017）。

　　印尼政府設定了一個規範性目標，到 2024 年要有 90% 的人獲得衛生設施改善（包括 20% 的衛生設施安全管理）。推廣離網技術（化糞池、分散式廁所），提高化糞池的性能，並支援對化糞池的投資。小規模項目可能是獲得衛生設施改善的最佳方式，投資管線基礎設施則是中

長程解決方案的一部分，需要繼續努力提高當地監管機構和營運機構的能力。

參、空氣汙染

根據歐盟的 EDGAR 全球排放模型（Crippa et al, 2021），印尼 2000 年代當地空氣汙染物排放增加，雖然低於 GDP。增加最快的是 NOx（氮氧化物）和 SOx（硫氧化物），NOx 反映車輛的增長（也因為燃料品質和車輛標準不佳），SOx 則主要因為燃煤火力發電的擴張。儘管減少林火的努力已經開始取得成果，大規模的森林和泥炭火災（在 EDGAR 中未考慮）仍導致印尼和鄰國馬來西亞、新加坡的汙染尖峰值。泥炭火災尤其令人擔憂，因為它們會導致高達 90% 的霧霾，並釋放 3-6 倍於其他類型土壤火災的粒狀汙染物（PM）（World Bank, 2016）。

OECD 衛星觀測的數據顯示，印尼 95% 的人口暴露在有害水準的空氣汙染，即超過 $10\mu g/m^3$ 的 PM2.5 之下，這是世界衛生組織（WHO）準則值（OECD, 2022）。全國各地暴露於空氣汙染之差異很大。雅加達的暴露值高於過去十年大部分時間的平均，以及蘇門答臘和加里曼丹省所經歷的森林火災期間的高峰暴露值。2017 年，全國 PM2.5 平均暴露量達到 $16.7\mu g/m^3$，高於 OECD 的平均水準，但遠低於其他新興國家如印度和中國等經濟體。2017 年印尼空氣品質指數（AQI）達到 87，高於政府 2019 年的目標值 84（MoEF, 2017b）。

印尼的空氣品質監測系統由環境與林業部執行，由兩個部分組成：(1) 國家空氣品質監測系統（AQMS），持續監測 CO、SO_2 與 14 個大城市的 NO_2、O_3、PM10 和 PM2.5 濃度；(2)「被動抽樣」：環境與林業部正在增加 AQMS 中的城市數量，目標為 2019 年涵蓋 45 個城市。到 2019 年初，已在 40 個城市安裝了 49 個站點。其他國家、地方和非政

府機構亦進行空氣品質監測，但並不總是共用收集到的數據（OECD, 2016b）。

關於空氣汙染防制的第 41/1999 號法案，輔以部級規定，規範了所有主要汙染物的環境空氣品質標準，以及工業活動和機動車輛的排放標準。空氣品質標準整體而言不像 WHO 準則值嚴格（OECD, 2016b），一些排放標準比國際最佳可行技術更爲寬鬆，例如，新建燃煤電廠的粒狀物標準。作爲改善空氣品質總體目標的一部分，印尼設定了削減空氣汙染的目標，2014-2019 年間減少 15% 的排放量，主要透過固定和移動源兩個方面的減排來實現。爲支持行業減排，政府發布技術指南並啓動綠色鍋爐計畫，以鼓勵企業提高鍋爐性能，但參與度相對較低（MoEF, 2016）。環境與林業部報告宣稱，2014-2016 年工業排放量下降 10%，但評估是基於汙染防制、評估與分級計畫（PROPER）中 66 家公司的小樣本計畫，代表性不足（MoEF, 2016）。

減少移動源排放的主要策略是綠色交通概念，支持城市朝向永續運輸。2016 年綠色交通在 3 個城市進行了測試，環境與林業部期待到 2019 年將增加達到 45 個。作爲該策略的一部分，環境與林業部發布了一套管制住宅區空氣汙染的指南，並建置了網站，展示各地區和城市的空氣品質狀態。爲了全面並綜合地解決空氣汙染，印尼需要持續改善其對汙染排放和環境空氣品質的監測系統，排放源和位置相關資訊，是制定標的政策、評估政策效能及執行標準的前提。考慮到排放權重要性，公路運輸、電力和農業部門需要更多政策關注。歐盟四期標準發布收到正面回響，但車輛檢測和執法依然薄弱（IEA, 2015）。高汙染行業排放標準應更接近國際標準，尤其是燃煤電廠，因爲未來幾十年計畫再擴增容量。

肆、氣候變化

根據環境與森林部向聯合國提交的第三次國家雙年報告，印尼 2019 年的溫室氣體排放，包括土地利用、土地利用變化和林業（LULUCF），達到 18.45 億噸 CO_2 當量（MoEF, 2021），使印尼名列世界十大排放國（WRI, 2021a）。溫室氣體排放量在 2000-2019 年間增加了 77.5%，平均每年 8.6%。CO_2 是主要的溫室氣體，占總排放量的 85.5%，而 CH_4 貢獻 10.86%，N_2O 貢獻了 3.62%。印尼的 LULUCF 排放量儘管數據難以比較，但它們是世界上最高的，其中又以泥碳地燃燒為最大來源，占 50.1%。除 LULUCF 外，能源是溫室氣體排放量最大的部門，占 2019 年溫室氣體排放總量 34.5%，其餘的來自廢棄物（6.5%）及農業（5.7%）（MoEF, 2021）。

2009 年，印尼通過了一項自願性目標，全國確定貢獻值（NDC）設定 2030 年無條件比基線方案（BAU）減少 29% 的目標，及高達 41% 的有條件減排目標（MoEF, 2021），取決於國際援助資金、技術轉移和能力建構狀況。2016 年 10 月，印尼政府批准《巴黎協定》，正制定 2030 年以後減量方案。

在政府報告中，2010-2016 年的年度排放量是低於 BAU 的，除了 2014-2015 年因泥炭火災而排放量達到峰值。2016 年，排放量比 BAU 低 14%，這意味著印尼距離實現 2020 年目標已完成一半（MENKO, 2018）。然而印尼政府須付出更多努力，使林業和能源的排放走上正軌，以實現 2030 年的目標。沒有強化措施，僅降低土地使用和能源部門的排放量，不太可能達到 2030 年減排 29% 的目標（MENKO, 2018）。

印尼於 2007 年成立了國家氣候變化委員會，2015 年由總統任命為氣候變化政策和立場部際協調機構，後來整併了 REDD+ 機構，成為 MoEF 下的氣候變化總局，以使氣候政策協調更有效能。由 BAP-

PENAS 與其他部會合作制定，涵蓋 5 個部門、50 項減量措施計畫，包括農業、林業和泥炭地、能源和運輸、工業及廢棄物等部門。減量政策主要聚焦在土地利用上。至 2020 年，減少溫室氣體排放國家行動方案（RAN-GRK）分配了 88% 的排放減量在林業和泥炭地部門（能源和交通部門僅減量 5%），而 NDC 預估土地利用和林業將達成 2030 年目標的 60% 左右（MoEF, 2015; MoEF, 2017a）。印尼已採取解決土地排放的重要措施，例如森林和泥炭地相關法規修訂（包括暫停新的泥炭地轉移許可證）、落實執法，及對林業和加強控制森林和泥炭火災此類社會新關注議題的努力。政府致力於減少森林砍伐並恢復 1,200 萬公頃退化土地和 200 萬公頃的泥炭地。由於這些措施，林業部門成為 2016 年和 2017 年最大的減排貢獻部門。

印尼需要加快能源部門脫碳的努力。減量的重點在於持續致力於燃料轉換、能源效率提升和公共交通改善（MoEF, 2017a）。然而在同時，擴大燃煤發電的計畫大大降低了該部門的減量潛力和風險。政府間氣候變化專門委員會 IPCC（2018）建議，到 2030 年，未來煤炭的投資須停止，以控制全球升溫在 1.5°C 以內，最理想的狀況是到 2050 年煤炭不再用於發電。設定發電、運輸等能源目標部門，分解為短期目標，並將不同參與者的責任明確化，有助於構建並加速能源替換。逐步取消化石燃料補貼，並為碳排放定價，將有助於協調能源和氣候政策目標。

印尼政府正準備一項漸進式減排計畫以控制碳交易，包括基於成功降低溫室氣體排放和徵收碳稅的誘因。2022 年 4 月起，國家將對燃煤電廠實施碳價格，這也將影響其他經濟部門的排放，最終減少國家溫室氣體排放。根據印尼的稅收法案（第 44G 條），每公斤 CO_2 當量碳排放，將至少被課徵 75 印尼盾的碳稅（相當於每噸 CO_2 當量約 5.2 美元）（Cekindo, 2022）。

印尼的地理和社會經濟條件，使其容易受到自然災害的影響，包括極端氣候（MoEF, 2017a），雖然受到歷史上年際變率、聖嬰及反聖嬰

現象、南方振盪等因素影響，長期來看，氣溫和降雨呈上升趨勢，氣候相關洪水和地滑等災害有所增加，特別是在蘇拉威西、加里曼丹和蘇門答臘。預測顯示，到 2100 年前，地表溫度將持續增加；旱季降雨量會變少，但在雨季和過渡期會變多。因此，極端氣候相關事件，預估會變得更加頻繁和激烈。OECD 預測，到 2060 年，總體氣候變化損害將達到 GDP 的 2.3% 左右，源於對健康、農業和沿海地區的影響。海平面預計每年上升 0.6-1.2 公分，這可能導致洪水氾濫。

2014 年國家氣候變化適應行動計畫（RAN-API）提到，超過 1.8 億印尼人居住在生產性沿海地區（MoEF, 2017a; World Bank, 2018）。RAN-API 確定了 4 個領域的 43 個適應計畫，包括經濟復原力（糧食復原力和能源獨立性）、生計復原力（健康、住宅區和基礎設施）、生態系統復原力和特定地點的復原力（城市、沿海地區和小島）。RAN-API 還著重在加強支持，例如建構、規劃、預算，以及監測與評估的能力。與 RAN-GRK 一樣，RAN-API 由 BAPPENAS 負責協調。各省預期發展自己的行動計畫，但實施緩慢，只有 8 個省分通過了長程行動計畫。為加快進程，環境與林業部於 2016 年發布地方適應行動計畫法規，目前在建構氣候脆弱性指數，用於開發全面的、憑藉證據的、基於脆弱性評估的氣候調適策略，並且可以在國家以下各級層級進行監測和資源配置。

伍、向資源節約型經濟轉型

印尼國家固體廢棄物法（第 18/2008 號法律）呼籲以 3R 方法（減量、再利用和回收）、健全的廢棄物處理（收集、運輸、掩埋）為基礎，要求各級政府制定連貫的市鎮垃圾計畫，為市鎮垃圾管理融資做出貢獻，並建立公共意識。法律規定廢棄物分類是回收利用的第一步，進一步又規定非受控垃圾掩埋場（即露天垃圾場）必須自 2013 年起改為新的衛生掩埋場，避免甲烷排放，並配備綜合汙染控制設施（MoEF,

2008）。不過法律規定和當地管理實踐之間，還是有很大差距。法律要求地方政府制定市鎮垃圾管理計畫，但很少有地方政府制定一致的計畫，許多缺乏實施的能力和資金，許多城市缺乏廢棄物處理設施。地方政府可用的資金不足，因爲廢棄物收費太低，範圍狹窄且執行不力，無法涵蓋廢棄物清運和處理費用。國家政府已提供資金支援處置基礎設施（例如衛生掩埋場，以及最近的垃圾發電廠），但地方資源和經營管理能力有限，導致隨著時間推移，許多掩埋場變成了不受控制的露天垃圾場。進行國家資助以當地績效爲條件，聯合資助有助於維持新的營運基礎設施，同時確保國家資金與永續的地方融資而不是補貼。這需要補充能力建構措施，改進資訊管理和各級政府之間更有效的協調。到目前，國家補貼對獲取基本垃圾管理仍是必要的。

關於國家固體廢棄物管理政策的第 97/2017 號總統令，設定了到 2025 年比 BAU 少 30% 的廢棄物爲目標。除其他事項外，它呼籲加強政府單位之間的協調、更好的執法、增加中央和地區政府預算、資訊系統的建構、社區參與和教育、加強企業的參與，並鼓勵妥善處理廢棄物。它要求地方當局制定關於滿足 2025 年減少廢棄物的管理目標，並定期報告。截至 2019 年初，514 個城市／地區中已有 300 個城市，34 個省中有 13 個制定了地方策略，提交了他們的廢棄物管理政策和策略。

環境與林業部正以符合生產者延伸責任（EPR）的概念，爲生產者減少廢棄物計畫制定藍圖。該藍圖主要作爲有利於再利用和回收避免塑膠廢棄物（例如包裝）和產品設計的指南。雖然它可能有助於實施激勵措施和基礎設施，爲減少廢棄物，政府應考慮實施具有約束力的 EPR。中程計畫，至少針對對環境最有害的產品（例如電池、車輛、電子產品），以減少環境和健康與掩埋相關的問題。非官方部門參與設計，此類計畫的實施對其成功至關重要。繼許多國家（例如南非和波蘭）的例子之後，政府正考慮在成功試行塑膠袋費的激勵下，對塑膠袋徵收消費稅。2016 年 14 個城市逐步禁用一次性塑膠袋，18 個地方政府已經對零

售店實施了這樣的禁令。

陸、農業投入和漁業

　　農業一向是印尼就業和經濟成長的重要驅動力，雖然配比持續下降，在 2017 年仍占 10.5% 的 GDP（不含林業和漁業）和 30% 就業人數，2021 年整體農林漁牧部門占 GDP 的 13.7%（World Bank, 2022），稻米和棕櫚油是產量最大的兩種產品。在國內，棕櫚油和橡膠占農產品出口的一半以上。農業產量增長強勁，2005-2016 年間年均增長為 4%，部分受生產力提高的驅動，但主要是因森林和泥炭地轉化成耕地。2005-2016 年間，農地總面積擴大了 10%（FAO, 2021）。有證據顯示，1990-2010 年間，三分之二的新棕櫚園是以生物多樣性豐富的熱帶森林為代價（OECD / FAO, 2017）。

　　化肥消費量隨著農業擴張而增加。2005-2016 年，鉀肥（主要用於棕櫚油）和磷肥（用於棕櫚油和稻米）的應用幾乎增加了兩倍。氮肥，仍然是最廣泛使用的，增加了 23%。儘管氮的使用量與國際比強度仍屬適中，部分領域存在過度應用的跡象（例如龍目島）（MoF and GIZ, 2017）。過量施肥會導致對自然資本的深遠影響（例如滲入水體，導致優養化和地下水汙染）。政府為化肥製造商提供大量補貼（2015 年公共支出的 3%）以降低化肥成本，這有助長浪費性消費的風險，應予以更換為其他形式的農業補貼。

　　漁業活動占 2017 年 GDP 的 0.3%。過去十年魚類產量幾乎增加一倍，比 2005-2016 年增長了 95%，主要是由於水產養殖產量多了兩倍。印尼擁有世界第二大捕撈漁業產量和第三大的水產養殖產量，它也是第二大海藻生產國和主要出口國。支持漁業政策增加國內產量一直是（並且仍然是）主要目標。未來十年，水產養殖產量預計將增長約 37%（OECD / FAO, 2017）。

　　漁業和水產養殖具有很強的社會意義，因爲它們支持約 2,000 萬人的生計，特別是在貧困和偏遠地區（Delpeuch, 2017）。然而，不永續的集約化水產養殖，在疾病管理和環境帶來負面影響。政府強力打擊非法捕撈，特別是外國船隻，並限制大型捕撈船隻（> 150 噸）。然而，占印尼 95% 的小型船隻（< 5 噸）不需要捕魚許可證，並且基本上不受管制（OECD, 2014）。印尼政府正在制定改善漁業管理藍圖，採用配額、承載量管制、禁漁季和漁區劃分，這有助於減輕魚類種群壓力，更多科技可應用於支持監測和執法與機構間合作（OECD, 2021a）。

柒、自然資本管理

　　世界銀行估計，自然資本，如森林、農田、化石燃料和礦物，約占印尼總財富的 20%，總價值爲 2.4 兆美元（World Bank, 2021）。除了直接投入到經濟，印尼的自然資本爲生態系統提供不可或缺且有價值的服務，從提供淡水、棲息地到預防自然災害和碳匯。對其自然資本進行更永續和有效的管理，將確保印尼子孫後代都能受益，它還將爲全球實現《生物多樣性公約》、《巴黎協定》及 SDGs 的目標做出貢獻。

　　印尼是由五個大島（爪哇、蘇門答臘、加里曼丹、蘇拉威西和巴布亞）、兩個主要群島（努沙登加拉和摩鹿加群島）以及大約 17,000 個小島嶼，所組成的群島國家，總土地面積約 1.91 億公頃。其海域（含專屬海域）經濟區或專屬經濟區大約是土地面積的四倍（7.9 億公頃），使其成爲海陸總面積第 7 大的國家。約 60% 的土地面積爲林木覆蓋，而 OECD 的平均水準僅 35%（OECD, 2021b）；農田占 35%，而 OECD 則爲 16%。人工區（例如城市空間）仍然很小，只有 1% 左右，但一些省分過去十年增加了一倍多。耕地也迅速擴張，特別是在中部和西加里曼丹和廖內，主要以森林爲代價。印尼是自 1990 年代初以來，十大最多自然和半自然植被土地損失的國家之一（OCD, 2021b）。

　　印尼作爲生物多樣性中心在全球具有重要意義，它是世界上 17 個

生物多樣性最豐富的國家之一，擁有 25 個生物多樣性熱點之中的 2 個，這些區域結合了高度的特有性和生物多樣性。印尼還有世界自然基金會（WWF）的「全球 200 強」生態區中的 18 個，以及國際鳥盟（Bird Life International）的 24 個「特有鳥種區」。它還擁有世界上 10% 的開花物種（估計有 25,000 種開花植物，55% 是特有種），是世界植物栽培品種和家畜農業生物多樣性中心之一。就動物群多樣性而言，世界上約 12% 的哺乳動物（515 種）在印尼發現，僅次於巴西，位居第二。印尼還有全世界約 16% 的爬蟲類（781 種）和 35 種靈長類動物，居世界第四位。鳥類占全球 17%（1,592 種）並有 270 種兩棲動物，分別排在世界第五和第六位。（CBD, 2021）

生物多樣性面臨的主要壓力是森林砍伐、汙染、過度開發、外來入侵物種和氣候變化（MoEF, 2014）。有效的生物多樣性保護，受到包括知識有限在內的因素的阻礙，特別是在國家以下各級，生物多樣性保護在政治方面的優先順位普遍較低（反映生物多樣性的有限經濟和生態系統服務價值）、人力不足、生物多樣性之間缺乏協同作用方案、缺乏地方監測和評估機構以及缺乏利益相關者參與（MoEF, 2014）。印尼生物多樣性策略和行動 2015-2020 計畫旨在解除這些障礙，並致力於改善生物多樣性研究、數據管理和檔案，促進永續利用，支持生物多樣性保護和復育；並加強永續發展的管理能力。整個群島旅遊業的擴張增加了保護生物多樣性的經濟誘因（OECD, 2021c）。

印尼豐富的陸地生態系統包括世界上最大的熱帶地區之一，森林和泥炭地，對生物多樣性和氣候變化都至關重要。它的森林面積超過 9,170 萬公頃，約占土地總面積的 50%，占全球森林資源總面積的 2%，近 95% 是天然林，5% 是人工林（FAO, 2021）。印尼擁有超過 1,500 萬公頃的泥炭地，占森林面積的 12%（MoEF, 2018b）。在其自然環境方面，面臨著嚴重的壓力，由農業、木材種植園和採礦業的伐木和土地開墾造成，森林總面積 2005-2015 年間下降了 7%，繼巴西之後，居全球

森林絕對損失量第二位。熱帶低地雨林轉作農耕是一個特別令人關注的問題，因爲雨林具有非常高度的生物多樣性。森林砍伐率在 2015 年達到 120 萬公頃的尖峰值後，2016 年下降到 60 萬公頃，2017 年爲 50 萬公頃。

印尼擁有極其豐富的沿海和海洋生物多樣性。它承載著全球大約 18% 的珊瑚礁（500 萬公頃），是一千多種珊瑚物種的家園，超過兩千種動物，包括 97 種特有種。它還擁有全球約 21% 的紅樹林棲息地（300 萬公頃）和全球重要的海草地（Dirhamsyah, 2016; Widjaja et al, 2014）。2017 年，全球 221 個海洋專屬經濟區的健康指數，印尼位列 145 名，到 2021 年評分爲 65，低於全球平均，排名倒退到 164（OHI, 2021）。紅樹林面積從 1980 年代初期的約 425 萬公頃減少，到 2021 年的 340 萬公頃（LIPI, 2014）。紅樹林損失（每年損失占總數的 6%）是溫室氣體排放，也是沿海侵蝕和土地流失的重要原因。近一半的紅樹林（180 萬公頃）處於受損狀態，政府目標是到 2045 年恢復該地區。超過三分之二的印尼珊瑚礁在 2017 年被認爲處於中等（35%）或惡劣（35%）狀況，其中處於良好（23%）或非常好（6.4%）狀況的屬較小分額（LIPI, 2020）。珊瑚礁是亞太地區塑膠垃圾最多的地區（Lamb et al, 2018）。印尼海洋生態系統的健康狀況下降，可能會對社會經濟產生深遠的影響，因爲它們提供寶貴的生態系統服務、支持經濟活動和當地社區的生計。

根據國際自然保護聯盟（IUCN）的定義，印尼的陸地保護區比例較國際平均低，2018 年陸地保護區面積爲 2,220 萬公頃，占土地總面積的 12%。比 2005 年的 11% 略有增加（部分歸功於創建了四個新的國家公園），但仍遠低於《生物多樣性公約》的愛知目標——到 2020 年保護至少 17% 的陸地和內陸水域。超過三分之二的保護區（69%）屬於最嚴格的 IUCN 保護範圍類別，國際標準非常高。只有 5% 的地區有自然資源的永續利用（OECD, 2021a）。與許多國家一樣，保護區是零碎

化的，除了官方保護區外，還有 2,970 萬公頃的土地被列爲保護林，並提供法律保護，防止轉化和採伐；以及 70 萬公頃的重要生態系統區域和異地保護領域。2018 年海洋保護區達到 1,670 萬公頃，占專屬經濟區的 2.8%，高於 2005 年爲 1.1%（OECD, 2021a）。來自環境與林業部的最新數據顯示，2018 年底建立海洋保護區 20.9 百萬公頃，占比提升至 3.4%（愛知目標是到 2020 年保護 10%），或印尼領海的 6.9%。

第二節　綠色成長評估與建議

OECD（2019）審查了印尼的環境狀況，並回顧了自 2005 年以來該國的綠色成長表現。評估和建議顯示了 OECD 對印尼綠色成長審查的主要結論，並確定了 50 項建議，以幫助印尼在綠色經濟方面取得進一步進展。表 1 摘要 50 項建議。

表 1　印尼綠色成長評估與建議

領域	建議
	關於氣候變化、空氣、廢物、水和環境資訊的建議
氣候變化	繼續在印尼低碳發展倡議下，制定國家氣候變化策略，以實現 2030 年及以後的目標。將 2030 年目標納入 2020-2024 年國家發展計畫，並確保將長期目標分為短期目標，並明確行動者的責任。加強評估減量方案的能力，包括其經濟、環境和社會影響。繼續提高溫室氣體排放數據（部門和省）、年度基線和部門減量目標的品質，以建立可靠的參照，從而可以追蹤進展和評估氣候政策的有效性。 修訂國家能源政策，以確保與氣候變化政策保持一致。在市場工具的支援下，透過電力部門的減排目標來引導能源轉型，以降低其碳密集度（例如透過碳定價）。確保任何新的燃煤電廠都是高效能電廠，翻新既現有電廠，淘汰效率低的電廠。計畫到 2030 年停止對有增無減的煤炭的投資。

領域	建議
空氣管理	繼續開發空氣品質監測系統。擴大固定汙染源的空氣排放資訊，並開始系統性收集移動汙染源的排放數據。 公開數據，並在中程努力建立國家空氣排放清單。 制定涵蓋所有主要汙染源的綜合策略，來解決空氣汙染問題，優先行動包括：(1) 更新燃煤發電和紙漿造紙等重汙染行業的排放標準；(2) 加強及執行車輛排放和燃料質量標準；(3) 促進車輛電氣化，尤其是摩托車；(4) 保護並投資有助於空氣過濾生態系統服務的自然資本；(5) 確保在經常超過空氣品質標準的地區有效實施當地的清淨空氣計畫。
廢物管理	加快擴大官方垃圾清運服務，以覆蓋 100% 的人口。逐步淘汰露天垃圾場，並確保垃圾掩埋場符合環境標準。根據預計的未來需求，增加對廢棄物處理能力的投資。 標準化廢棄物分類和回收，例如透過非政府部門繼續參與廢棄物銀行以及提供培訓和社會培力（例如透過合作社）。 為最有害的產品實施生產者責任延伸計畫，以限制對新處置容量的需求，並減少與危險性廢棄物管理不當相關的環境和健康問題。考慮支持建設覆蓋印尼東部的危害性廢棄物處理基礎設施。
化學品管理	加強工業化學品管理的法律框架，以創建國家化學品清單，並隨著資訊的發展，提供對化學品進行系統評估和管理的權力。加強對環境中化學品的監測。
水資源管理	實施綜合城市水資源管理，以提高供水安全。擴大管線供水服務，以增加獲得安全飲用水的機會，並減少地下水的使用。提高監管機構和供水供應商的能力，包括監測地下水位和執行許可證。制定長程策略，以確保水資源壓力預測會加劇的地區之水安全，同時考慮到基於自然的解決方案。 加強水汙染監測，加強汙染防治。透過推廣離網技術、糞便汙泥管理系統、投資小規模項目和擴大大都市區的集中汙水管網，繼續擴大和改善衛生設施，同時考慮使用再生水作為地下水的替代品，以限制消耗。
資訊和教育	持續推動公眾宣傳活動，以提高公眾對環境狀況的認識。促進環境教育，在學校課程中進一步發展環境教育，以增強對汙染和環境退化相關的環境、經濟和健康風險的認知。

印
尼
的
環
境
現
況
、
綠
色
成
長
及
臺
灣
參
與

領域	建議
關於環境治理和管理的建議	
環境治理和管理	建立正式的環境問題橫向和縱向協調機制；擴大環境與林業部對省級和地方環境政策實施的監督，以涵蓋政策環評（SEA）、環境影響評估（EIA）和環境許可證。 建立省和地區當局在 SEA、EIA 和環境許可證方面的能力；確保在環評中考慮替代方案；將廢水排放許可和危害性廢棄物儲存許可納入環境許可，並確保定期審查和獲准業務的定期自我報告。對非刑事犯罪實行行政罰款，並就執法工具的使用向稽查員和員警提供詳細和統一的指導；建構處理環境案件的司法能力。 實行企業財務擔保制度，建構復育土壤、水體和生態系統損害的資金；編制全國受汙染場址清單，並與省、區政府合作，通過環境修復技術標準和指南設計逐步復育方案。 改進工業環境績效資訊的披露（例如，關於透過 PROPER 收集的空氣汙染物排放和廢水排放），並在中程努力建立汙染物排放和傳輸登記冊。
關於土地利用、生態系統和氣候變化關係的建議	
知識庫	保持並加強與環境經濟核算體系（SEEA）一致的生態系統服務價值評估工作，包括生態系統帳。確保利用確定政策行動優先領域的潛力，為自然資本提供資訊的連貫政策框架做出貢獻。 完成 One Map 的其餘單元，包括主題圖層和更大比例尺（例如1:50,000）地圖的開發。使用 One Map 制定和完善長期土地利用策略。向公眾提供地圖資訊的訪問權限，以促進透明度和非法活動的檢測。提供技術支援和能力建構，以促進參與式製圖。 繼續改進泥炭地和森林的測量和繪圖，以更準確地確定對提供生態系統服務特別有價值的區域。透過在可能的情況下提供開放數據，來增強公眾對資訊的點閱。 持續努力監測、評估和披露關於毀林和土地利用變化驅動因素的數據。
政策和體制框架	為 2020-2024 年 RPJMN 中的總體土地利用，設定具體、務實的目標，包括減少森林砍伐的目標。確保目標得到所有相關部會（特別是環境與林業部、農業部及能源和礦產資源部）的同意，包括在部門工作計畫中並由 BAPPENAS 監督。

領域	建議
澄清土地權利	確保土地分配和許可制度將開發轉向生態價值較低的土地。允許特許權持有人在其特許區內留下具有高保護價值的土地。簡化管理退化的國有林地和允許清理的活林之間土地交換的行政程序。
社會林業和土地改革	提供額外資源，以加速社會林業的登記和傳統森林的認可。鼓勵社區之間的夥伴學習，以改善獲得社會林業計畫的機會。傳播指導並鼓勵使用移動應用程式提交社會林業監測資訊。 透過使用土地重新分配計畫來承認社區所有權要求，透明地劃定和登記國有土地和資產，並為社區提供共同管理國有土地和森林資源的合法途徑，從而加速土地改革。
執法	透過為執法機構提供額外資源和增加對衛星監測系統的投資，加快阻止、識別和懲罰非法土地使用。為執法人員提供額外培訓，以提高他們調查環境犯罪的能力。 進一步開發用於管理土地使用許可的在線系統。管理許可證、稅收和監管合規性的交互參照資料庫，以管理非法伐木和農業活動。 整合和簡化土地使用活動所需的系列許可。為各部會和地方政府制定關於各種陸上活動的法律要求的明確指南。審計現有的陸上活動許可證，以確保它們是按照要求的程序頒發的。 透過招聘、培訓和同行學習加強森林管理單元（FMUs）的能力。確定私人部門資金的潛在來源，以補充公共預算的資源。 與供應鏈節點（貿易商、消費者、銀行）簽訂自願協議以加強林木合法性確認系統（SVLK）的有效性。
政策工具	評估森林禁令的有效性和附帶影響。用提供可預測的法律框架來管理原始森林和泥炭地的永續發展的立法，取代有時限的暫停應用。 與 FMU 和當地社區合作，擴大陸地保護區網絡，並建立機制以鼓勵這些區域內的有效保護和永續利用。 繼續朝著恢復 200 萬公頃退化泥炭地的目標前進。在泥炭地復育機構 2020 年截止之後繼續安排復育活動。 透過增加對農業推廣計畫的投資，包括增加對農業推廣工作的培訓，提高每公頃農產品的產量。 審查對森林部門的支持措施，以逐步取消鼓勵毀林的補貼，並提出替代方案以考慮社會因素。使用支援措施系統來激勵提供生態系統服務，例如透過永續森林管理提供的服務。

領域	建議
	確保環境基金管理機構按時運作並遵循有關治理、信託責任以及環境和社會保障的國際良好做法。探索 REDD＋ 融資機制，以動員更多的公共和私人資源。
關於綠色成長的建議	
框架	全面貫徹執行 2020-2024 RPJMN 的政策環評。實施環境經濟核算體系中央框架，以在國家和國家以下各級的經濟規劃中，正確評估國家的自然資本。
正確定價	透過繼續逐步取消化石燃料補貼，同時逐步提高區域燃料稅並將能源／碳稅擴大到工業等非道路部門。 使車輛稅收與環境績效保持一致，例如將稅率與燃油效率以及二氧化碳和當地空氣汙染物的排放關聯起來，以鼓勵購買省油和低排放的車輛。 持續加強與森林特許權以及採礦和漁業許可證相關的政策透明度和執法。審查特許權使用費的結構和費率，特別是在林業部門，以收取自然資源使用的全部經濟租金。繼續努力完善執行引水費。 引入計畫中的塑膠袋消費稅。考慮對空氣汙染物和廢水排放徵稅。 將農業生產補貼從市場價格和直接投入補貼，轉向提高生產力和增加收入的投資（例如研發、教育、基礎設施、創造附加價值、恢復生態系統服務）。用更具生產力和永續性的農民支援計畫取代化肥補貼。
投資	透過逐漸增加使用費來增強對廢棄物、水和衛生設施投資的激勵，使服務提供者更加獨立、商業和財務穩健，並有能力為資本投資提供資金。貧困家庭應透過現有的有條件現金轉移計畫或其他社會保護計畫得到補償。支持地方機構提高服務質量，增強執法能力。持續建構金融機構的能力，以遵守永續金融法規，並提高它們對氣候和綠色經濟相關項目融資的貢獻。探索如何利用該法規促進遵守環境法規的選項。 制定全面、透明和可行的計畫，以擴大再生能源規模，並得到所有利益相關者的高層承諾和支持。消除監管障礙並簡化許可授予的流程。制定降低再生能源融資風險溢價的機制（例如使用擔保）。透過逐步取消有利於煤炭、石油和天然氣生產的補貼，努力營造公平的競爭環境。

領域	建議
	提高能效標準（特別是空調）的嚴格性，並加強對能效法規的執行和遵守。 為採用電動汽車，特別是電動摩托車制定支持措施。
與環境相關的商品和服務以及創新	在印尼的創新使命承諾下，平衡能源相關研發預算的重點，以充分支持清潔化石燃料之外的可再生能源和能源效率研究。 擴大跨部會永續消費和生產計畫；繼續建立產品認證計畫；考慮將永續採購擴展到小農。 改革貿易壁壘，例如當地比例要求和外國股權限制，這些壁壘限制印尼採用現代清淨能源技術。 繼續打擊非法野生動物貿易，優先保護最瀕危物種並與民間社會合作加強執法。

第三節　臺灣非政府組織參與印尼雨林保育之行動

印尼目前正面臨嚴重開發壓力，熱帶雨林大規模地遭移除，不僅威脅了許多珍稀野生動物，如蘇門答臘虎、紅毛猩猩等的生存，亦影響全球的環境。究其原因，主要在於農業經濟及區域發展問題。因此必須結合自然資源管理、農業生技、農村經濟與各領域知能，方能提供印尼更實質之援助。

臺灣一向在參與國際公共事務受到很大的限制，如何藉由國際環境事務的參與，善盡臺灣國際責任，並加強臺灣非政府組織（NGO）的國際活動力與能見度，是當前臺灣環境運動發展的一大課題。以下以環球科技大學與印尼菩提心蔓荼羅基金會合作關係為核心，陳述臺灣非政府組織參與印尼雨林保育之行動。

壹、大事記

2004 年 12 月 26 日印尼亞齊省上午 7 點 58 分 55 秒，發生芮氏規

模 9.1-9.3 的大地震，地震引發了浪高高度達 15-30 公尺的巨大海嘯，罹難人數和失蹤人數至少有 30 萬人（維基百科，2021）。海嘯發生後，世界各國慷慨援助，臺灣也不落人後，但後來因種族、政治等因素發生援助阻礙，正當尋求替代援助方案時，臺灣梵音公益協會理事長黃幸娟提出協助災區學生來臺留學構想，以環球科技大學（時稱環球技術學院）與印尼菩提心曼荼羅基金會為核心，開啟臺灣非政府組織與印尼社會密切的交流。表 2 整理了臺灣非政府組織參與印尼雨林保育重要事件。

表 2　臺灣非政府組織參與印尼雨林保育大事記

時間	事件	相關團體
2005 年 5 月	環球技術學院以國際交流名義，邀請 20 名印尼菩提學校學生來臺參訪，臺灣紅十字會承諾提供助學金。（葉子綱，2009）	環球技術學院、臺灣紅十字會、印尼菩提學校。
2005 年 9 月	環球技術學院甄選 15 名南亞海嘯受災印尼學生到該校就讀環境資源管理、生物技術系、觀光與餐飲旅館系。另外前臺北市政府民政局長林正修，也積極奔走，另招募 16 名受災學生到景文科技大學就讀。後因入學門檻問題，有 4 名學生由環球轉至朝陽科技大學。（葉子綱，2009）	環球技術學院、景文科技大學、朝陽科技大學、印尼菩提心曼荼羅基金會。
2006 年 8 月 22 日	印尼菩提心曼荼羅基金會建立菩提心保育中心（Konservasi Bodhicitta Mandala，KBM），推動雨林保育以及造林、樹苗銀行以及多芭湖中央 Samosir 島等的綠化工作。（陳品潔、陳韋綸，2010）	印尼菩提心曼荼羅基金會。
2007 年 7 月 31 日至 8 月 9 日	環球技術學院與臺灣環保團體合作，提出「臺灣與印尼青年環境議題體驗計畫」，讓該校印尼留學生結合臺灣本地生，至臺灣各地走讀見學，拜會各地環保團體，將臺灣社會發展的寶貴經驗帶回印尼，也呼籲臺灣環保團體加入搶救雨林的行列。（蘇柏興，2007）	環球技術學院、臺灣環境保護聯盟。

時間	事件	相關團體
2007 年 10 月 29-30 日	環球技術學院環境資源管理系舉辦「全球環境治理國際工作坊」（圖1），邀請印尼蘇北省菩提心曼荼羅基金會創辦人釋學源法師及兩名保育專員來臺，分北、中、南3場次，向全臺主要環保團體報告印尼雨林現況，尋求未來臺灣非政府組織參與印尼雨林保育行動的可能性。（葉子綱，2007）	環球技術學院、臺灣環境保護聯盟、臺灣生態學會、印尼菩提心曼荼羅基金會、綠色和平組織香港分部。
2007 年 12 月	臺灣環境資訊協會得知印尼狀況後，試圖以環境信託方式募集資金，將雨林買下並妥善保護管理，以減緩雨林消失的速度，並結合棲地研究、有機產業等方式運用，保留當地生物多樣性。（呂苡榕，2009）	臺灣環境資訊協會、印尼菩提心曼荼羅基金會。
2008 年 6 月	吳子鈺在參與了蘇門答臘北方 Bakkara 村的環境永續發展計畫多年後，創立「吳子鈺雨林咖啡」品牌，以公平貿易的精神，直接向印尼當地咖啡農採買，並贊助當地雨林復育及研究計畫。（張瓊方，2008）	吳子鈺雨林咖啡、蘇北大學。
2008 年 7 月 7-11 日	環球技術學院環境資源管理系印尼學生返回印尼，舉辦「基礎華語教育暨環保宣導種籽學生培訓課程」國際志工營隊，傳授華人子弟環保知識，期許環保的生活觀念能夠向下在故鄉紮根。（陳品潔，2008）	環球技術學院、印尼菩提心曼荼羅基金會。
2009 年 1 月 29 日至 2 月 11 日	臺灣知名環境運動生態學者陳玉峰教授受環球技術學院「臺印生態旅遊技術交流與發展計畫」主持人張子見及印尼菩提心曼荼羅基金會之邀，前往印尼蘇門答臘雨林進行調查，並與當地團體進行交流，並於返臺前記者會發表〈地球之心，人類暨生界未來希望的原鄉〉宣言，隨後出版《前進雨林》一書。（陳玉峰，2010）	環球技術學院、印尼菩提心曼荼羅基金會。
2009 年 6 月 1 日	環球技術學院的十名印尼學生即將學成歸國，發起「Thank you Taiwan」單車感恩之旅，以 15 天單車環臺方式，向臺灣社會表達感恩。（鄭旭凱，2009）	環球技術學院。

時間	事件	相關團體
2009 年 10 月 13 日	環球技術學院與印尼國立亞齊大學及亞齊省政府締結國際合作盟約,擴大師資與學生互換交流,建立更緊密的國際教育合作關係。(環球科技大學,2009)	環球技術學院、印尼國立亞齊大學、亞齊省政府。
2010 年 02 月 20 日	青草湖社區大學發展協會和國家高速網路與計算中心,與印尼蘇門答臘的紅毛猩猩資訊中心(SOS-OIC)共同合作,在印尼建構數位機會中心,讓全世界知道雨林面臨的危機。(環境資訊中心,2010)	青草湖社區大學發展協會、印尼蘇門答臘的紅毛猩猩資訊中心。
2013 年	臺灣青年陳可萱成立「雨林之心」非政府組織,推動雨林生態旅遊、雨林友善產品。(陳可萱,2016)	雨林之心。
2017 年 9 月 2-3 日	民進黨與臺灣環保聯盟主辦「2017 亞洲民主論壇」,邀請菩提心曼荼羅基金會創辦人釋學源法師及印尼環境與森林部的官員 Bobby Nopandry,來臺灣報告森林部與菩提心基金會合作保育雨林並改善周邊社區經濟的成果(李志良,2017)。	民進黨、臺灣環保聯盟、菩提心曼荼羅基金會。
2017 年 9 月 8 日	環球科技大學與菩提心曼荼羅基金會雙方簽署合作備忘錄,共同培育雨林保育與農業生技領域的人才,籌組技術顧問團,協助基金會開發雨林友善產品並強化行銷。(奇摩新聞網,2017)	環球科技大學、印尼菩提心曼荼羅基金。
2018 年 7 月	國立高雄大學舉辦「棉蘭國際共學營」,師生造訪印尼 Padang Sidempuan 地區,見習當地社會企業推廣「雨林咖啡、樹糖」理念,藉由輔導小農種植技術與銷售知識,協助建立穩定經濟收入,進而減少賣地給財團甚或參與盜採伐木的可能性。(羅品婕,2018 年 8 月 29 日)	高雄大學、印尼菩提心曼荼羅基金會。
2019 年 1 月 25 日	國立高雄大學與印尼菩提心曼荼羅基金會攜手合推出友善雨林咖啡及棕櫚糖,既照顧 Padang Sidempuan 當地小農生計,也	高雄大學、印尼菩提心曼荼羅基金會。

時間	事件	相關團體
	改善濫伐雨林情況，達到生態永續發展。（林雅惠，2019）	
2019 年 8 月 3-9 日	環球科技大學與印尼菩提心曼荼羅基金會簽署「印尼蘇門答臘雨林友善咖啡輔導計畫」國際產學合作案，計畫主持人張子見邀請臺灣知名咖啡企業，雲林古坑咖啡企業前往印尼蘇北省 Sipirok 指導當地農民咖啡園管理技術（圖 2），並面試基金會選派來臺實習的人員，協助提升印尼咖啡產業技術水準。	環球科技大學、雲林古坑咖啡企業、印尼菩提心曼荼羅基金會。

圖 1　環球技術學院校長接受印尼菩提學校創辦人釋學源法師饋贈紀念品

圖 2　環球科技大學「印尼蘇門答臘雨林友善咖啡輔導計畫」

貳、臺灣環境非政府組織參與印尼雨林保育之行動計畫

　　張子見（2017）根據與印尼菩提心曼荼羅基金會多年合作成果，及政府新南向政策方針，提出「臺灣環保團體參與印尼雨林保育之行動構想」，包括 (1) 社區合作經濟計畫；(2) 雨林經營管理計畫；(3) 長期生態監測計畫；(4) 區域交通改善計畫；(5) 教育水準提升計畫；(6) 生態旅遊發展計畫；(7) 再生能源利用計畫；(8) 保育產品產銷計畫；(9) 泥炭地保育計畫；(10) 認養雨林募款計畫。

　　陳玉峰教授於 2009 年 1、2 月間前往計畫地區訪視（見圖 3），隨後出版《前進雨林》一書。陳教授也提到臺灣現在較少有關「森林認證」的倡議，強調搶救雨林運動應為印尼本地自發性的行動，希望臺灣社會的拋磚引玉，能引發印尼社會，特別是印尼華人的自覺性護林運動。在

臺灣國內，近程將以成立初名爲「搶救全球天然林行動聯盟」的國際性環保組織爲目標，未來藉由這個組織，開啓與世界各國組織合作守護天然森林的行動，而搶救印尼雨林自當是此組織初期的重要任務之一——透過各種合作計畫，可能包括部分認養方案，協助菩提心基金會成爲印尼重要的森林保育組織，進一步匯入全球天然林保護的潮流。

圖 3　陳玉峰教授（左二）、釋學源法師（右二）與筆者（左一）在西蘇門答臘省 Bonjol 市的赤道地標合影

參考文獻

1. 呂苡榕（2009），〈臺灣、印尼攜手合作救雨林〉，環境資訊中心，取自網址：https://e-info.org.tw/node/43998。

2. 李志良（2017），〈亞洲民主論壇卓榮泰：民進黨願承擔更多責任〉，新頭殼Newtalk，取自網址：https://newtalk.tw/news/view/2017-09-03/96788。

3. 奇摩新聞網（2017），〈環球科大與印尼菩提基金會共同培育雨林保育人才〉，取自網址：https://tw.news.yahoo.com/環球科大與印尼菩提基金會共同培育雨林保育人才-102200244.html。

4. 林雅惠（2019），〈高雄大學設衍生社企推雨林咖啡〉，中國時報，取自網址：https://www.chinatimes.com/newspapers/20190125000721-260107?chdtv。

5. 張子見，張惠美，陳泰安，範曉君（2017），〈新南向環境運動—永續蘇門答臘行動計畫〉，《2017亞洲區域經濟與地方產業發展國際研討會論文集》，環球科技大學，雲林。

6. 張瓊方（2008），〈雨林咖啡——吳子鈺改變世界的起點〉，臺灣光華雜誌，取自網址：https://www.taiwan-panorama.com/Articles/Details?Guid=8A5BEAD8-34A2-4E05-AFFC-0E16EAFF66C4&CatId=9。

7. 陳可萱（2016），〈雨林之心，與奶奶的約定〉，遠見雜誌網，取自網址：https://www.gvm.com.tw/ article/54279。

8. 陳玉峰（2010），《前進雨林》，前衛出版社，臺北。

9. 陳品潔（2008），〈印尼留臺僑生返國辦營隊散播環保種籽〉，環境資訊中心，取自網址：https://e-info.org.tw/node/35575。

10. 陳品潔、陳韋綸（2010），〈印尼雨林在地保育工作與困境——以菩提心為例〉，取自網址：https://e-info.org.tw/node/56047。

11. 葉子綱（2007），〈環球技術學院研討落幕發出搶救雨林宣言〉，大紀元新聞網，取自網址：http://cn.epochtimes.com/b5/7/10/30/n1884925.htm。

12. 葉子綱（2009），〈海嘯後來臺印尼生畢業展現學習生命力〉，臺灣英文新聞，取自網址：https://www.taiwannews.com.tw/ch/news/966251。

13. 維基百科（2021），〈2004年印度洋大地震〉，取自網址：https://zh.wikipedia.org/wiki/ 2004%E5%B9%B4%E5%8D%B0%E5%BA%A6%E6%B4%8B%E5%A4%A7%E5%9C%B0%E9%9C%87#cite_note-casulty-11。

14. 趙紫涵（2013），〈淺析印尼《環境管理法》及其借鑒意義〉，《瀋陽工程學院學報》（社會科學版），第9卷第1期。

15. 鄭旭凱（2009），〈南亞海嘯受助印尼生單車環臺感恩〉，自由時報，取自網址：https://news.ltn.com.tw/news/life/paper/307769。

16. 環球科技大學（2009），〈環球技術學院與印尼亞齊大學合作返亞齊（一）希望的種子〉，取自網址：https://tit-cia.blogspot.com/2009/10/blog-post_13.html?m=0。

17. 環境資訊中心（2010），〈印尼雨林瀕臨消失危機 臺灣NGO跨國界伸援手〉，取自網址：https://e-info.org.tw/node/52057。

18. 羅品婕（2018），〈「棉蘭共學營」赴印尼見習社企照顧小農兼顧雨林生態〉，高雄大學尤努斯社會企業研究中心，取自網址：http://www.nuk.edu.tw/files/ 16-1000-17400.php?Lang=zh-tw。

19. 蘇柏興（2007），〈搶救雨林 印尼留學生環島取經〉，大紀元新聞網，取自網址：https:// www.epochtimes.com/b5/7/8/2/n1789771.htm。

20. BAPPENAS (2016), Indonesian Biodiversity Strategy and Action Plan (IBSAP) 2015-2020, Ministry of National Development Planning, Jakarta, www.cbd.int/doc/world/id/id-nbsap-v3-en.pdf.

印
尼
的
環
境
現
況
、
綠
色
成
長
及
臺
灣
參
與

21. Bertelsmann Stiftung (2021), Sustainable Development Goals Index, https://www.bertelsmann-stiftung.de/en/our-projects/sustainable-develop-ment-goals-index(accessed on 03 Oct. 2021).

22. CBD (2021), Indonesia Country Profile: Biodiversity Facts, Convention on Biological Diversity, Montreal, www.cbd.int/countries/profile/default.shtml?country=id#facts (accessed on 11 Oct. 2021).

23. Cekindo (2022), The Important Things to Know about Indonesia's Carbon Tax, Cekindo Bisnis Grup, Jakarta, www.cekindo.com/sectors/waste- man-agement (accessed on 05 Jan. 2022).

24. Crippa, M., Guizzardi, D., Muntean, M. and Schaaf, E., (2021), EDGAR v5.0 Global Air Pollutant Emissions, European Commission, JRC122516. https://data.jrc.ec.europa.eu/collection/edgar.

25. Delpeuch, C. (2017), Fishing for Food Security: Lessons from Indonesia, OECD Global Forum on Agriculture: Building Food Security and Manag-ing Risk – A Focus on Southeast Asia, 3 May.

26. FAO (2021), FAOSTAT (database). https://www.fao.org/faostat/zh/#data.

27. Fatimah, I. et al. (2017), Performance of Local Governments In Regulating Industrial Water Pollution: An Empirical Study on Norm-setting, Monitor-ing and Enforcement by the Environmental Agencies of East Java Province, and the Districts Gresik and Mojokerto, Indonesian Center for Environ-mental Law/Van Vollenhoven Institute for Law, Governance and Society, Jakarta/Leiden, www.universiteitleiden.nl/binaries/content/assets/rechtsgel-eerdheid/instituut-voor- metajuridica/research-deli-river.pdf.

28. IEA (2015), Energy Policies Beyond IEA Countries: Indonesia 2015, IEA/OECD Publishing, Paris, https://dx.doi.org/10.1787/9789264065277-en.

29. IPCC (2018), "Mitigation pathways compatible with 1.5°C in the context of sustainable development", in Special Report: Global Warming of 1.5°C, Chapter 2, Intergovernmental Panel on Climate Change, Geneva, http://report.ipcc.ch/sr15/pdf/sr15_chapter2.pdf.

30. Kimmelman, M. (2017), "Jakarta Is Sinking So Fast, It Could End Up Underwater", The New York Times, www.nytimes.com/interactive/2017/12/21/world/asia/jakarta-sinking-climate.html(accessed on 01 Oct. 2021).

31. Lamb, J. et al. (2018), Plastic waste associated with disease on coral reefs, *Science*, Vol. 359/6374, pp. 460-62, http://dx.doi.org/10.1126/science.aar3320.

32. LIPI (2014), Kekinian Keanekaragaman Hayati Indonesia, 2014 (The State of Biodiversity Indonesia, 2014), Lembaga Ilmu Pengetahuan Indonesia (Indonesian Institute of Sciences), Jakarta, www.researchgate.net/publication/288834293_Kekinian_Keanekaragaman_Hayati_Indonesia_2014.

33. LIPI (2020), Status Terumbu Karang Indonesia 2019 (Status of Indonesian Coral Reef 2019), Lembaga Ilmu Pengetahuan Indonesia (Indonesian Institute of Sciences), Jakarta, https://intra.lipi.go.id/datapublikasi/2020/1593657760.pdf.

34. Luo, T., R. Young and P. Reig (2015), Aqueduct Projected Water Stress Rankings: Technical Note, World Resources Institute, Washington, DC, www.wri.org/publication/aqueduct-projected-water- stress-country-rankings.

35. MENKO (2018), Laporan Pelaksanaan RAN-GRK 2016 (RAN-GRK Implementation Report 2016), Coordinating Ministry for Economic Affairs, Jakarta.

36. MoEF (2011), State of Environment Report of Indonesia 2011 in Green Economy Perspective, Ministry of Environment, Jakarta.

印尼的環境現況、綠色成長及臺灣參與

37. MoEF (2015), Indonesia First Biennial Update Report (BUR) under the United Nations Framework Convention on Climate Change (UNFCCC), Ministry of Environment and Forestry, Jakarta, http://unfccc.int/resource/docs/natc/idnbur1.pdf.

38. MoEF (2016), Laporan Tahunan Ditjen PPKL 2016 (2016 Annual Report of the General Directorate of Pollution and Environmental Damage Control), Ministry of Environment and Forestry, Jakarta.

39. MoEF (2017a), Third National Communication under the United Nations Framework Convention on Climate Chang, Ministry of Environment and Forestry, Jakarta, https://unfccc.int/sites/default/files/resource/8360571_Indonesia-NC3-2-Third%20National%20Communication%20-%20Indonesia%20-%20editorial%20refinement%2013022018.pdf.

40. MoEF (2017b), Peran Pemerintah Daerah Dalam Pelaksanaan Mitigasi Emisi Gas Rumah Kaca Sektor Limbah (The Role of Regional Government in Mitigating the Waste Sector Greenhouse Gas Emissions), presentation by Mr. Karliansyah, Ministry of Environment and Forestry, Jakarta, 24 August.

41. MoEF (2021), Third Biennial Updated Report under the United Nation Framework Convention on Climate Change, Directorate General of Climate Change, Ministry of Environment and Forestry, Jakarta.

42. MoEMR (2020), Handbook of Energy & Economic Statistics of Indonesia 2020, Ministry of Energy and Mineral Resources, Jakarta.

43. OECD (2014), Towards Green Growth in Southeast Asia, OECD Publishing, Paris, http://dx.doi.org/10.1787/9789264224100-en.

44. OECD (2016a), OECD Economic Surveys: Indonesia 2016, OECD Publishing, Paris, https://dx.doi.org/10.1787/eco_surveys-idn-2016-en.

45. OECD (2016b), Green Growth in Bandung, Indonesia, OECD Green Growth Studies, OECD Publishing, Paris, https://dx.doi.org/10.1787/9789264264113-en.

46. OECD (2019), OECD GREEN GROWTH POLICY REVIEW OF INDONESIA 2019, OECD Publishing, Paris.

47. OECD (2021a), OECD Economic Surveys: Indonesia 2021, OECD Publishing, Paris, https://www.oecd-ilibrary.org/economics/oecd-economic-surveys-indonesia-2021_fd7e6249-en.

48. OECD (2021b), Biodiversity: Protected areas (Edition 2020), OECD Environment Statistics (database), https://doi.org/10.1787/75255a74-en (accessed on 04 Jan. 2022).

49. OECD (2021c), Land resources: Land cover change in countries and regions (Edition 2020), OECD Environment Statistics (database), https://doi.org/10.1787/12b11cd5-en (accessed on 04 Jan. 2022).

50. OECD (2022), Air quality and health: Mortality and welfare cost from exposure to air pollution, OECD Environment Statistics (database), https://doi.org/10.1787/c14fb169-en (accessed on 04 Jan. 2022).

51. OHI (2021), Ocean Health Index: Indonesia, Ocean Health Index, https://oceanhealthindex.org/regions/indonesia/ (accessed on 04 Oct. 2021).

52. WEPA (2018), Outlook on Water Environmental Management in Asia 2018, Water Environmental Partnership in Asia, Japan Ministry of the Environment/Institute for Global Environmental Strategies, Tokyo/Kanagawa, http://wepa- db.net/3rd/en/publication/2018_outlook/wepa_outlook_report_2018_en.pdf.

53. World Bank (2016), The Cost of Fire: An Economic Analysis of Indonesia's 2015 Fire Crisis, World Bank, Washington, DC, http://pubdocs.worldbank.org/en/643781465442350600/Indonesia-forest- fire-notes.pdf.

54. World Bank (2018), The Indonesia Marine Debris Hotspot Rapid Assessment, World Bank, Washington, DC, http://documents.worldbank.org/curated/en/983771527663689822/pdf/126686-29- 5-2018-14-18-6-SynthesisReportFullReportAPRILFINAL.pdf.

55. World Bank (2021), The Changing Wealth of Nations 2021: Managing Assets for the Future , World Bank, Washington, DC.

56. World Bank (2022), Agriculture, forestry, and fishing, value added (% of GDP), World Bank, Washington, DC, https://data.worldbank.org/indicator/NV.AGR.TOTL.ZS. (accessed on 05 Jan. 2022).

57. WRI (2021a), Climate Data Explorer (CAIT), http://cait.wri.org//indonesia. (accessed on 24 Oct. 2021).

58. WRI (2021b), Aqueduct Water Risk Atlas, World Resources Institute, Washington, DC, www.wri.org/our-work/project/aqueduct/aqueduct-atlas/ (accessed on 25 Oct. 2021).

Chapter 8

印尼的醫衛產業概況與需求

吳珮慈[*]

*　大葉大學管理學院管理學博士，現任環球科技大學行銷系專任專案約聘助理教授。

第一節　醫衛發展挑戰與政策推動方向

壹、產業經濟結構與醫衛發展挑戰

一、農村貧窮現象與致病危機

　　印尼堪稱東協發展的領頭羊，根據 2022 年 6 月各國家和地區人口列表統計，印尼國家人口數約為 2.73 億人，世界排名第四。郭大維在 2018 年受工研院產科研究所委託研究的《新南向國家產業地圖——印尼醫療器材產業》專刊中提及，2016 年印尼 65 歲以上人口占 5.2%，目前仍未有嚴重的人口老化問題，然而印尼大多為勞動人口，相較於東協與南亞國家的經濟水準較低。根據印尼衛生部於 2018 年的統計資料顯示，目前印尼人民生活在貧窮線的人口仍有 9.82%，其中居住鄉村且落在貧窮線下的人口占有 13.2%，每人每月可支配的所得為 383,908 印尼盾，約 26.07 美元，相較於在都市且落在貧窮線下的人口 7.02%，每人每月可支配所得 415,614 印尼盾，約 28.22 美元，鄉村貧窮問題更為嚴重（Ministry of Health, 2020）。

　　目前印尼政府對醫衛體系的改革雖產生影響，但因國內醫療服務缺乏投資與管理，尤其是貧窮線下的農村地區，公部門初級保健中心的基礎設備普遍很差，衛生建設也相當落後，一般家庭僅 10.29% 有自來水供應，大多依賴瓶裝水為飲用水來源的家庭也占 9.85%（Ministry of Health, 2020）。根據 WHO 數據顯示，印尼 5 歲以下的兒童最大的致死原因是腹瀉，這與乾淨飲用水供應不足而透過飲用水汙染有關，直接帶來疾病致傳播痢疾，常年位居死因之首；許多民眾普遍健康常識不足，不良生活習慣間接造成慢性疾病，例如，偏好吃油炸食物及抽菸，促使中風與心血管疾病，進而產生致死的主因（衛福部新南向專案辦公室，2020）。

二、醫療院所與醫師短缺現況

賴宛靖在 2017 年《工業技術與資訊月刊》第 314 期發表的《航向醫療產業新市場》專刊中提及，現今印尼全國醫療支出約占 GDP 的 2.4%，然因印尼國土幅員遼闊，以致醫療服務推展不易（賴宛靖，2017）。根據印尼衛生部於 2018 年的統計資料顯示，印尼共有 2,813 間醫院和 9,993 間社區健康中心（Community Health Centre, Puskesmas），數量龐大；但私立醫院占其中 1,787 間（占 63.5%），比例較高，公立醫院則有 1,026 間（占 36.5%），全國擁有 310,710 張病床（Ministry of Health, 2020）。依據印尼衛生部規定，2019 年公私立醫院中，通過每 3 年評鑑獲得認證的公立醫院有 745 間（72.6%），私立醫院則有 1,225 間（68.5%）。由於印尼醫療設施的城鄉差距大，全國醫院開設在發展較為富庶的爪哇島上者，占 51%（Ministry of Health, 2020）。

2018 年印尼衛生部統計數據顯示，僅有 31.39% 的社區健康中心擁有能夠提供服務的家庭醫學醫師；一直處於醫師短缺狀態的占 25.74%；僅能勉強維持最低水準運作的占 42.87%。根據 WHO 的調查數據，印尼醫病比例高達 1：2,342，遠高於 WHO 建議標準 1：1,100，雖然印尼衛生部於 2018 年的統計資料顯示全國的醫師有 205,597 名，其中專科醫師（Medical Specialist）有 29,721 名，牙科專科醫師有 37,599 名，家庭醫學醫師（General Practitioner）有 134,459 名，牙科醫師（General Dentist）有 3,818 名，但印尼醫師短缺的問題仍然嚴重（Global Health Observatory, GHO, 2020）。

三、醫療器材發展現況與不足

印尼醫療器材產品的銷售商或製造商，須取得印尼衛生部核准的醫療器材經銷執照或生產商執照，才可提出產品註冊申請；隨著印尼政府投入醫療建設開發，除了基礎診斷設備外，相關醫用家具產品與器械需

求也持續提升，而 2017 年醫材市場產品類別中，其他類醫材產品爬升
至第一位，市場值約為 3.65 億美元，占整體市場的 43%；前三大產品
依序為診斷影像產品、醫用耗材產品、輔助器具，占整體醫材市場需求
八成以上（郭大維，2018）。

　　然而馬來西亞、新加坡、泰國等東南亞開發中國家，皆比印尼在高
階醫療檢驗設備儀器的人口配比高；像磁振造影（MRI）、電腦斷層掃
描儀（CT scanners）這類昂貴的診斷和成像設備儀器，有提供相關醫療
檢查服務的區域，目前只有印尼的主要城市和部分地區（衛福部新南向
專案辦公室，2020）；目前印尼網際網路系統尚不普及，高科技醫療設
備，還須當地政府的硬體建設配合（賴宛靖，2017）。可見印尼醫療檢
查設備與網際網路系統仍在落後階段。

貳、醫衛政策推動方向與問題挑戰

一、放寬國外投資建設大型醫療院所，提升醫療技術水準

　　印尼總統佐科威（Joko Widodo）於 2016 年 5 月 12 日簽署第 44 號
總統令，公布放寬外國人投資醫療行業的限制，並開放外資在較大型醫
院、牙科等專科診所投資上限為 67%，已接近東協會員國的外資 70%
投資上限（衛福部新南向專案辦公室，2020）。印尼衛生部規劃在
2019 年之前，興建 14 家國家級醫院以及 184 所地方轉診醫院（郭大維，
2018）。近年來，印尼政府更積極為醫療建設落後與專業醫護人員嚴重
不足現象，擬定了多項改善措施以吸引外資投資印尼的醫療領域；除了
上述持續改善投資環境與縮減相關的投資法規及程序，亦鼓勵民間和外
資參與投資醫療院所（衛福部新南向專案辦公室，2020）。

　　目前印尼最大的醫療集團，西羅亞醫院集團（Siloam Hospitals
Group），已擁有 23 家分院，並預計未來幾年將增至 40 家以上。另
外，印尼第一家擁有骨髓移植醫療設備的慈濟綜合醫院也預計在 2020

年完工（衛福部新南向專案辦公室，2020）。雖然印尼政府在全民健保和金字塔頂端的雙軌醫療需求下，放寬國外投資建設大型醫療院所，實質提升醫療技術水準；然因印尼國土幅員遼闊，醫療設施的城鄉差距大，醫療受惠者還是在發展較為富庶的城鎮區域。

二、推動健保體系促進藥品需求，提升國際醫藥合作契機

2015 年底，印尼有 50 家私人保險公司參與 JKN 機制，投保人數已超過 1.6 億人，且在政府的保險基礎上，皆可外加理賠額度與其他自費的保險項目（郭大維，2018）。2018 年印尼醫療總支出 291 億美元，居東協六國之冠（郭鴻慧，2021）；然而，自 2014 年印尼開始推動健保後，由於專利藥成本過高，導致健保體系對於學名藥需求大增。目前印尼的學名藥約占總藥品市場的 40%，由於印尼政府常透過關稅方式調高藥品價格，且對藥品進口的限制很多，因此學名藥廠商通常會透過與當地製藥廠授權技術合作方式進軍印尼市場。

2020 年衛福部新南向專案辦公室公告的《新南向國家產業地圖——印尼醫療器材產業》專刊中陳述，根據印尼衛生部於 2018 年的統計資料，印尼製藥業常遭遇的問題包括：(1) 印尼公民和居民其所支付之健保保費遠不及使用的醫療服務，導致虧損缺口擴大；(2) 全民健保未普及在私部門工作的健康印尼人；(3) 印尼偏遠地區民眾因醫療基礎建設差，無法獲得良好的醫療服務；(4) 進口原料受到印尼製藥業高度依賴，當印尼盾貶值時將導致財務失衡；(5) 印尼在東協國家中醫療支出平均僅占 GDP 的 2.8%，落後新加坡、馬來西亞、泰國、菲律賓、越南、柬埔寨等國，成為醫療支出 GDP 比例最低的國家之一（衛福部新南向專案辦公室，2020）。

三、推動醫材採購效率與透明化，促進醫院醫材取得便捷

　　印尼政府為了提升政府採購的效率與透明度，透過 Indonesian Government Goods and Services Procurement Organization 管理政府採購系統；印尼公立醫院可直接採購衛生部的醫療器材的電子清單（e-Catalogue）產品，目前已通過經銷商執照、產品上市許可證審核，及登記置入達近 8,000 個型號的醫療器材的產品訊息。若公立醫院欲採購的產品不在清單上，就要成立標案，透過印尼衛生部的電子採購系統（e-Purchasing）進行公開招標。

　　私立醫院由醫院經營者及醫院內的各專科醫師提出，醫院會請供應商提供試用設備進行比較；通常檢測儀器設備由醫院內的醫師試用至少兩週後，提供測試結果與建議，醫院的經營者最後裁奪是否採購。印尼衛生部的指定醫院或研究機構，進行部分特殊產品臨床試驗或測試，一般作法是注射器、保險套、衛生棉、成人尿布等醫材與衛生用品須在指定機構進行產品測試；有關 HIV 醫療器材產品須在指定醫院進行臨床試驗；雖然印尼提升政府採購效率與透明度，然而外資在印尼投資設廠的 Philips、Nipro 及 B Braun 工廠，所生產製造的醫療器材產品皆以外銷為主，無法回饋印尼醫療體系的醫材需求（郭大維，2018）。

第二節　印尼自全球輸出入醫衛產品概況

壹、醫療器材需求穩定成長，市場商機龐大

　　依據臺灣經濟部統計資料，印尼在 2012-2016 年自全球進口醫材產品，由 2012 年總進口金額約 5.87 億美元，至 2016 年增加為 8.88 億美元，年均複合成長率（CAGR）為 10.91%，醫材需求呈穩定成長趨勢，2017 年印尼醫療器材市場規模達到 9.3 億美元，約占全球市場的

0.26%，2018 年印尼醫療器材市場，年均複合成長率 10% 以上（郭大維，2018），印尼醫材產品市場商機相當龐大。

在進口國家分析方面，進口產品以電子診斷儀器、X 光設備、CT、超音波等診斷影像產品等為主，主要進口國的德國占整體進口金額的 17.5%、中國占 15.6%、美國占 12.5%、日本占 10.4%；其中德國於治療輔助與呼吸治療等方面進口高於其他國家；中國於耗材類高於其他國家；美國主要產品為影像監測及治療輔助等，以攜帶性輔助產品優於他國；日本主要產品為牙科、影像監測產品為主，其牙科產品高於他國。

2016 年在進口品項的 15 類醫材產品中，印尼進口最多的是 2.7 億美元之「醫療外科牙科用儀器」（30.4%）、1.27 億美元之「檢驗試劑」（14.3%）、0.8 億美元之「醫用冷藏設備」（9%）、0.7 億美元之「超音波與核磁共振等電器診斷裝置」（7.9%）、及 0.6 億美元之「矯正視力眼鏡」（6.8%）等。外資經銷醫材產品的上限為 49%；至於外資生產「低風險」（Class I）醫材（如病床、輪椅、拐杖、藥用繃帶、紗布、棉花、紙尿褲、衛生棉等）的上限為 33%，其他風險類別則無外資限制（衛福部新南向專案辦公室，2020）。

貳、印尼自臺灣輸出入醫衛產品概況

印尼在 2017-2019 年進口醫衛產品，年平均金額為 32.63 億美元，我國排名第 12，市占率 1.04%。其中歐盟占 29.93%，為前五大進口來源之首，其後的進口占比依序為中國大陸（22.61%）、美國（11.42%）、日本（5.81%）、新加坡（4.86%）。2018-2019 年臺灣醫衛新南向政策推動後，印尼自臺灣進口醫衛產品年平均金額為 3,618 萬美元，較 2016-2017 年政策推動前，增加了 49.82% 的成長幅度，同時臺灣在印尼進口醫衛產品的市占率亦提升了 0.4 個百分點至 1.74%，其

中醫材進口金額為 2,981 萬美元，約占總進口金額八成，並以「醫用化學製品」對印尼出口較多。

　　臺灣在進口醫衛產品之藥品約占兩成，新南向政策推動後臺灣在印尼的市占率則提升至 0.39%，增加 0.06 個百分點，進口金額較政策推動前增加 29.74%。臺灣醫材在印尼的平均關稅稅率為 6.02%，藥品的平均關稅稅率為 2.59%，主要出口印尼較多的藥品類別為「原料藥」和「中西藥品」。而印尼自臺灣進口的醫療器材則主要集中在「檢驗試劑」365 萬美元（60.7%）和「傷口護理器材」102 萬美元（17%）（衛福部新南向專案辦公室，2020）。

參、醫材經銷限制與通路合作型態

　　2021 年衛福部新南向專案辦公室公告的《印尼醫療器材上市法規與販售規定》專刊中陳述，2016 年印尼藥品和醫材總局公布了《醫療器材分類及許可指南》，內容包含一般醫材及 IVD 醫材之分類概要；2017 年 12 月 29 日制定《醫材、IVD 醫材及家庭保健用品（PKRT）銷售許可準則》，作為印尼醫療器材主要法源依據，並在 2018 年 7 月 12 日公布《衛生部門綜合發證準則》（Regulation No. 26 of 2018）。2018 年 12 月工研院產科國際所委託郭大維研究的《新南向國家產業地圖——印尼醫療器材產業》專書中提及，印尼在 2018 年規定醫材的經銷與生產須取得印尼衛生部的特許，經銷執照的審核主要是依據印尼的醫療器材優良運銷作業規範（Good Distribution Practice for Medical Devices, GDPMD），生產執照則須符合印尼的醫療器材優良生產作業規範（郭大維，2018）公立醫院欲採購產品不在清單上，就要成立標案，透過印尼衛生部的電子採購系統（e-Purchasing）進行公開招標。私立醫院提出醫材需求時，由醫院內醫師試用至少兩週後，提供測試結果與建議，醫院經營者最後裁奪是否採購。

郭大維在同一專書中提及，印尼醫療產業出口受到官方高度的管制，醫藥零售通路不容許外資持股，醫療器材經銷商則是限制外資持股在 49%，但即便成立了外資持股 49% 的醫材經銷商，也只能銷售給由印尼人 100% 投資經營的中盤商、醫材銷售專門店及藥局，因此若要進入印尼醫療器材市場，必須透過與當地經銷商的充分合作。依據印尼衛生部於 2018 年的統計資料顯示，印尼公私立醫院共有 2,813 間，許多軟硬體仍在建置中，公立醫院由各省編列預算集體採購，私立醫院為個別採購，但印尼城鄉差距大對醫療需求不同；通常臺灣醫療器材廠商在印尼主打的通路為私立醫院、專科診所及一般醫療器材批發零售通路（郭大維，2018）。

第三節　醫衛改革癥結與未來商機再造

壹、印尼醫衛產業改革現況與問題

過去 20 年，印尼政府和行政部門推動醫療衛生體系多項跨部門改革措施，其四大改革措施為：(1)1999 年開始，印尼衛生系統組織管理架構由中央政府角色和責任下放到地方；(2) 調整公務機關的管理和治理方式，在 2003-2009 年賦予公共衛生機構更大的自主權；(3) 從 2013 年起，提升衛生專業教育品質作為改革目標；(4)1999 年開始實施臨時社會安全網（temporary social safety net），2014 年後以全民皆納入醫療體制的全民健康保險為標的（衛福部新南向專案辦公室，2020）。

2017 年，根據 International Labor Organization（ILO）的統計數據，印尼共有 216 家醫療器械製造商，大多以爪哇為生產基地；印尼在 2017 年明確將一般醫材及體外診斷（IVD）醫材單獨分類，任何化學試劑產品、化學試劑、校正物質、對照物質、工具、套組、器具、器械、或系統，無論是單獨使用或是合併使用，且該產品所有目的係在於體外

對檢體（包括從人體抽出之血液或組織）進行化驗，以判斷該血液或捐獻組織之安全性以及與可能接受者的適合度，並包含僅用於取得物理或病理或先天變異等資訊，或用於監測治療程度及容納檢體之工具者，都屬於一般醫材及體外診斷（IVD）醫材（衛福部新南向專案辦公室，2021）。受限於當地醫衛支援型產業不足，印尼醫療器材產業並不發達，大多數的醫療器材須仰賴進口，國際大廠在印尼的設廠數量較少，帶動的出口值也較低。印尼在醫療器材上市查驗程序與要求嚴謹，有關上市代理之限制，主要有 (1) 限制外國製造商旗下所有產品僅能找一個醫材通路商（PAK）代理；(2) 若國內醫材通路商是代工的角色，只負責製造外國原廠授權之醫材，嚴禁所代工產品之同類或同型之醫材申請上市（衛福部新南向專案辦公室，2021）。目前印尼本土醫材製造商能提供的醫材，以拋棄式醫材和醫用家具為主，而醫材在出口大幅成長的品項為注射器、急救箱、呼吸治療、試劑盒、牙科椅等裝置，減少的類別為整形及輔助器具、診斷影像產品。依改革措施的成果而言，印尼政府鼓勵外資設廠的政策，促使醫材市場持續成長，印尼醫衛產業雖有進展，但醫衛支援型產業還須加把勁。現今國際龍頭廠商與當地公衛與醫療體系仍須注意產品的價格競爭，印尼政府應鼓勵國外商強化與熟悉的公立醫院簽訂銷售代理商合作契約，提高產品在 e-Catalogue 被選用的機率，並適時透過當地代理商、私立醫療機構與醫師的互動，盡量透過試用品在醫院的試用期間，示範及展現醫材產品之優勢，置入醫材產品的差異化（郭大維，2018），以達到印尼醫衛產業改革與解決醫衛支援型產業不足的現況。

貳、全民健保須強化醫療專業水準，才能受到民眾青睞

根據 2018 年工研院產科國際所的研究資料，2017 年產業環境調查數據顯示，東協與南亞的醫療支出總合為 2,698 億美元，預估 2022 年

醫療支出總和將達到 4,439 億美元，未來 5 年，年均複合成長率可達
9.1%，成為全球區域市場成長最快速的地區；然而，印尼整體的醫療
資源僅占 GDP 的 3.9%，醫療支出仍以私人醫療支出為主，占整體醫療
支出的 62.2%。況且，印尼相較於東協國家中的醫療支出，平均值僅占
GDP 的 2.8%，遠低於東協其他主要國家。印尼貧富懸殊的問題嚴重，
許多經濟能力佳的印尼人偏好赴新加坡和馬來西亞就醫治療。而且根據
印尼醫師協會統計，印尼剛入行的醫師月薪大約僅兩到三百萬印尼盾
（約 153-230 美元），新加坡同等職位的醫師收入是印尼的 10 倍以上；
由於印尼醫師的醫療專業不被信賴，所以對於政府透過公立醫院提供的
醫療服務並不期待，再加上行銷國際醫療服務非常積極的星馬、泰國，
幫病人解決語言、簽證、住院等問題，且醫療收費較新加坡低廉，所以
吸引許多印尼籍病人選擇到這些鄰近的國家醫療旅遊（衛福部新南向專
案辦公室，2020）。

　　印尼衛生部規劃於 2014 年開始實施《社會保險局法案》（*The So-
cial Insurance Providers Board Law*），旨在為所有印尼民眾提供社會人
力保險與社會健康保險；其內容包含醫療保險（Jaminan Kesehatan Na-
sional, JKN）的社會安全保險系統（Badan Penyelenggara Jaminan Social,
BPJS），期盼在 2019 年達到全民納保的目標。近年來印尼經濟起飛，
但高血壓、高血脂、肝腎疾病等文明病和已開發國家一樣日益增多，且
感染性疾病、肺結核、瘧疾等病症發生率仍高（賴宛靖，2017）；印尼
的醫療支出仍以私人醫療支出占整體醫療支出的 62.2% 為主，政府部
門的醫療支出約占 37.8%（郭大維，2018）。

　　現今印尼經濟快速發展，隨著政府推行國家健保計畫，健康部推
動醫院現代化改善公立醫院設施，加速整個醫療體系擴建，再加上中產
階級的崛起伴隨對醫療需求的增加，讓醫療支出快速成長，高端健檢市
場需求開始浮現。印尼平均每千人分配 0.4 位醫師，每人平均醫療支出
104.7 美元，平均每千人擁有 1.2 張病床，公費／自費醫療支出比例為

36.9/63.1，整體醫療專業人力嚴重不足（郭大維，2018）；可見印尼醫療服務體系無論是病床數量、醫護人員比例、居家護理及健保制度等，目前皆未臻完善（賴宛靖，2017）。

印尼衛生部於2012年鼓勵民間參與投資，打造印尼旅遊部與創意經濟署攜手合作「印尼樂活醫療旅遊」（Indonesia Wellness and Healthcare Tourism, IWHT）計畫，現今約有40%的私立醫院提供高收入者較昂貴的醫療服務（郭大維，2018）。而今印尼政府與國營藥廠皆積極投入醫院建設，擴充醫療體系，以滿足民眾基本的醫療服務需求；但醫療服務短期內普及不易，因此提供偏鄉小診所的醫師、助產士使用像飛利浦小型超音波，提升產前檢查品質，就很適合印尼發展居家醫療服務（賴宛靖，2017）。

目前自費醫療以醫療環境與體驗良好的私立診所成效口碑，受到新興中產階級的喜愛，但若要根本增進印尼人民對國內醫療體系的醫護專業信賴，印尼政府需要積極處理的問題，首要是鼓勵印尼的年輕學子投入醫療領域、醫師在專業技術的精進、提高醫護人員的待遇留住人才，以及改善醫療工作環境；印尼政府唯有透過醫療衛生體系的改善，才能提高國民整體醫療水準，並留住金字塔頂端的醫療客群。

參、強化醫材品質信賴，才能創造龐大商機

醫療器材產業是一個範疇廣泛的產業，全球目前並未有一致性的定義，所以即使是歐美及日本等醫療器材領導國家，對於醫療器材產業的範疇，也由於產品種類多樣及分類複雜，又因產品「少量多樣化」的特性，而不易界定產品的功能及用途。2016年受到印尼政府醫療資源投入的影響，全球占比由2%提升至0.25%；2017年相較東協主要六國（菲律賓、印尼、泰國、馬來西亞、新加坡、越南），印尼醫材市場占比約0.26%，排名第4；醫療器材市場成長潛力強。依據BMI Research的統計資料，2017年全球醫療器材市場規模約為3,598億美元，預估2019

年可成長至 4,021 億美元，而印尼在 2017-2021 年醫療器材市場受到國家醫療保險實施的驅動，年均複合成長率達 9.2%，尤其在醫用耗材、診斷醫材等市場快速成長（郭大維，2018）。

全球高齡現象持續發酵，為滿足高齡者相關復健與照護醫材需求，醫療照護支出仍持續攀升，市場仍呈現穩定成長（郭大維，2018）。印尼的私立醫院從 2013 年的 543 家到 2018 年增至為 1,783 家，由於數量逐年攀升也提高對醫材的需求，創造出醫材龐大的商機（賴宛靖，2017）。2017 年印尼醫療器材規模約 9.3 億美元，2013-2017 年，年均複合成長率達 6.1%，2017-2022 年為 9.6%；預期未來五年新興中產階級驅動醫療需求，醫療器材成長率可維持在 7% 以上（郭大維，2018）。

雖然印尼政府近年來實施經濟改革，醫療市場快速成長，但相較於越南、菲律賓等國，醫材進口依存度達 95.2%，此乃印尼的醫療機構與設施建置不足、醫療器材市場缺乏技術專業人才，所以須仰賴進口供應（郭大維，2018）；況且印尼的政策及稅法採逐步制定，面對這片「醫療沙漠」，外資想進入印尼市場分一杯羹，還須靠出口國擬定應對策略（賴宛靖，2017）。目前臺灣已與印尼簽署《中印尼投資保證協定》，且要進入印尼醫材市場的臺灣廠商都能透過當地代理商的銷售管道進入市場；臺灣醫療體系發達，醫材廠商具備足夠專業知識、訓練生技術成熟，且具彈性製造能力，產品性價比高（郭大維，2018）。

全球高齡化民眾比率持續攀升，醫療器材市場受到醫療照護需求及醫療費用有效性運用的因素影響，導致醫療支出高漲，例如居家自主護理所需的血糖儀、血壓計等產品，呈現快速成長趨勢；而目前臺灣的體重計、血壓計、血糖計及相關試片技術發展成熟，品質優良，產品已行銷世界多個國家（郭大維，2018）。印尼政府推動的社會安全保險，擴大醫療保險補助金額與範圍，帶動基礎醫療產品，預期將帶動包含手術用品、人工關節、輸液耗材、急救設備等產品市場快速成長。骨科與植

入物等醫材，年複合成長率達到 32.8%，高於整體醫材市場的成長率。

　　2021 年 11 月發表在臺灣中央社訊息平臺的〈印尼智慧防疫線上交流──提升疫情期間醫療量能〉內文中提及，全球因新冠病毒肺炎疫情持續延燒，染疫死亡案例超過 500 萬人，確診染疫人數逾 2.47 億人；醫療機構及科技業者相繼投入防疫領域相關的智慧醫療研發、應用及導入，期盼有效防堵疫情擴散，未來零接觸醫療及遠距醫療成為醫療產業發展的新趨勢。2021 年 11 月 11 日外貿協會與臺大醫院合作辦理 "Enabling Technologies for Smart Healthcare: Contactless Remote Monitoring Technologies" 線上交流座談會。與會的專家並和印尼及新南向國家健康產業業者分享臺灣的醫院如何運用該平臺協助醫護人員零接觸診療，提升病患醫療品質的實務經驗。印尼醫材目前除了骨科與植入物等醫材，診斷監測類別中整體輻射儀器、CT、其他醫用 X 光儀器與 X 光管，年均複合成長率達到 12.3-17.5%；醫用耗材、診斷影像、牙科、骨科與植入物、整形及輔助器具、其他類等醫材預估，年複合成長率可達 5.7-7.7%。然而，醫材產品進口依存度皆在 95% 以上，未來市場的需求缺口高度仰賴進口；如果臺灣醫材產品品質與整體服務的周全度能強化多重曝光，便能增進印尼醫療體系對臺灣產品之優質印象與採購，創造龐大商機，造就共享經濟與臺印雙贏之展望（郭大維，2018）。

參考文獻

1. 中央社（2021），〈印尼智慧防疫線上交流──提升疫情期間醫療量能〉，中央社訊息平臺，取自網址：https://www.cna.com.tw/postwrite/chi/303841。

2. 郭大維（2018），《新南向國家產業地圖──印尼醫療器材產業》，工研院產科國際所，取自網址：file:///C:/Data/Downloads/fe128fdb-7804-45b6-83f9-2788bbac6afa.pdf。

3. 郭鴻慧（2021），〈《產業》明基透析再獲印尼醫材許可證〉，時報資訊，取自網址：https://www.chinatimes.com/realtimenews/20211109003543-260410?chdtv。

4. 賴宛靖（2017），〈航向醫療產業新市場〉，《工業技術與資訊月刊》，第314期。

5. 衛福部新南向專案辦公室（2020），〈醫衛新南向產業e鏈結——印尼醫衛產業概況與需求〉，取自網址：https://nsp.mohw.org.tw/np-1028-1.html。

6. 衛福部新南向專案辦公室（2021），〈醫衛新南向產業e鏈結——印尼醫療器材上市法規與販售規定〉，取自網址：https://nsp.mohw.org.tw/cp-3351-4632-44d76-1.html。

7. Ministry of Health (Last accessed on August 25, 2020), Indonesia Health Profile 2018.

8. Global Health Observatory (GHO) (Last accessed on August 25, 2020), Density of physicians (total number per 1000 population, latest available year).

Chapter 9

印尼的電子商務

葉燉烟[*]

* 成功大學航空太空工程研究所博士、雲林科技大學資訊管理研究所碩士，現任環球科技大學資訊與電子商務管理系教授。

第一節　市場機會

壹、人口紅利

　　印尼人口數達 2.73 億人，在如此龐大的人口紅利下，再加上政府積極改革與開放市場政策的推波助瀾，已產生一群高消費力的電子商務消費年輕族群，其中多達 87.1% 的 16-64 歲印尼人利用網路進行線上交易，使得每用戶平均收入（ARPU）約爲 219 美元，而 2021 年預計爲 248.33 美元（Kemp, 2021）。另外，目前印尼電子商務市場被認爲是全球最有前途的東南亞電子商務市場之一，其中的一個原因主要得益於人口組成高度年輕化，40 歲以下人口占比 60.41%。印尼每天約有 3,000 萬人使用電子商務平臺消費，創造出 80 億美元市場年產值，到 2026 年，市場產值預估將成長到 400 億美元；雖印尼智慧型手機普及率僅 28%，但行動電子商務卻是境內最普及的消費模式，約占 58%。

　　另一方面，印尼境內有四大電子商務平臺：Tokopedi、Shopee、Traveloka 和 Bukalapak，依據 iPrice Group 在 2019 年的統計資料，顯示四大平臺平均月流量分別爲 75,502,688 人次、61,669,392 人次、53,862,335 人次及 28,722,575 人次。這四大平臺主要採 B2C 商業模式，販售商品種類多以電子產品、時尚服飾與用品、健康與美容產品爲主，當中美妝產品大多來自於韓國知名品牌。另外，當地中小型賣家亦會透過社群媒體如 Facebook、Instagram、LINE 及 WhatsApp 來販售物品（傅中原，2021）。

貳、創新生態系統紅利

　　若以 Google, Temasek and Bain & Company（2021）的資料顯示，近五年來「東南亞國家協會」（The Association of Southeast Asian Nations）網路經濟（e-Conomy）／數位經濟的成長主要集中在四種產業：

電子商務、線上媒體、線上旅遊及叫車軟體；其中，由於新冠肺炎疫情的影響，改變多數消費者在線上的交易行為與態度，而所帶動的另外三個新興產業，包括自 2019 年起的數位金融服務（Digital Financial Services, DFS）與自 2020 年起再增加的兩個新興領域——健康科技（HealthTech）與教育科技（EdTech）。隨著東南亞國家經濟的快速發展與中產階級的崛起，幾個平臺類型的新創獨角獸逐步嶄露頭角，以補足當地市場未被滿足的需求；截至 2021 年 1 月止，東南亞地區發展出來的新創科技公司共有 9 家，其中印尼便占有 5 家，分別是 Gojek、Tokopedia、Bukalapak、Traveloka 及 OVO，其中 OVO 的新用戶在 2020 年 COVID-19 疫情下，更是成長 267%（餘佩儒，2021）。

印尼為東南亞國家的數位經濟重鎮，若依照 Startup Genome（2020）針對 2020 年的全球新創生態圈報告（GSER 2020），在全球的新興新創生態系排序中，其顯示雅加達為第二位；若再檢視其中的生態系價值，則雅加達位居第一位，其價值達 263 億美元。值得關注的是印尼在新創發展上的國際連結，印尼與新加坡、馬來西亞、中國大陸有緊密的合作與投資關係。此外，其他的新創生態系統尚且包括：(1) 印尼資通訊部與民間新創輔導單位 Kibar 共同推動的合作計畫「1,000 Digital Startup」，其目標在於 2020 年前促使 1,000 家數位新創公司的誕生；(2) 印尼中小企業部透過新創育成計畫（SIP）協助有心創業的新創業者，利用全球創業家精神計畫（GEPI）以有效連接與新創業者相關的利害關係人；(3) 印尼國有電信公司 Telkom 提出新創育成計畫 Indigo，據以服務十個最佳的新創團隊，並且提供至美國矽谷訓練機會；(4) 印尼創投公司 East Ventures，專門提供在行動服務、網路服務、軟體即服務（Software as a Service, SaaS）等領域的服務。

參、特有的數位化演進歷程

　　相對比於歐美的線上用戶運用 3C 產品之數位化演進歷程，絕大多數印尼的線上用戶是直接由個人計算機跳至智慧型手機，略過對筆記型電腦與平板電腦的運用，而此現象促成印尼電子商務能夠迅速增長的主要原因之一；同時，印尼的智慧型手機亦比歐美的智慧型手機便宜得多，這使得絕大多數印尼人都可以使用智慧型手機，資料顯示擁有智慧型手機的人數占印尼總人口的 40% 以上。麥肯錫的報告強調指出，印尼近 75% 的線上購物者使用行動裝置——遠高於馬來西亞（62%）和美國（39%）。另一方面，統計數據表明，印尼青年是社交媒體的狂熱用戶，該國擁有世界上第四大 Facebook 用戶，擁有 1.22 億用戶，並且是該地區 Instagram 用戶最多的國家之一。就 Twitter 用戶而言，印尼還是第五大國家（廣東智慧國際物流，2020）。

　　根據 WEF（2020）報告指出，東南亞國家消費型態的發展趨勢與無接觸經濟的議題將涉及：

　　1. 數位無處不在（digital ubiquity）將變成新常態：到 2030 年，預計將會有 80% 的東南亞國家消費者常態性上網，其中主要國家如印尼、馬來西亞、菲律賓、新加坡、泰國及越南的消費者，平均每天花費在使用手機的時間將來到 4.2 小時，爲全球平均值的 1.2 倍。

　　2. 消費者將習慣於從全通路到新零售的消費型態：直接面對消費者（Direct-to consumer, D2C）將成爲主流的經營型態，因爲所有消費型態（包含社交媒體、電子商務、App、甚至是線下活動）都即將匯集到一個整合平臺上。

　　3. 以科技導向爲主的平臺將改變既有的社會經濟模式：數位健康平臺、電子錢包、線上教育平臺、新興營運模式（例如共用）等將盛行。

　　在 Bukalapak 或 Shopee 等電子商務平臺開始流行之前，印尼人通常在非正式通路上買賣商品。印尼網際網路用戶早期使用線上討論網

站 Kaskus 作爲交易平臺，之後，任何允許用戶將照片和文本一起發布的平臺，都被印尼人用作交易的網站，像 Facebook、Twitter、LINE、WhatsApp 和 Instagram 等社交媒體平臺都特別受歡迎。印尼人更喜歡在非正式通路上進行交易，原因在於無須支付傭金或稅款。2016 年，社交商務占印尼線上零售業的 36%，但由於非正式銷售通路上冒牌貨橫行、商品質量差及評論不可靠，非正式通路的交易金額在 2018 年降至 19%。同時，正規的電子商務平臺愈來愈受歡迎，研究顯示，印尼大約 80% 的電子商務市場由 C2C 賣家主導。然而，由於電子商務平臺商業模式的變化，預計到 2023 年 B2C 的市場分額將增長至約 35%，印尼排名前四的電子商務平臺都有 B2C 部門。印尼電子商務市場從 2016 年的 64% 增長到 2018 年的 81%，創造了約 135 億美元的收入，而在 2019 年達到 210 億美元；根據預測，到 2023 年將達到 580 億美元（周佳寧，2019）。

肆、後疫情的新常態機會

自 COVID-19 疫情開始以來（截至 2021 年上半年爲止），印尼已經有 2,800 萬新的數位消費者，占總人口之 10.2%；而與疫情前相比，在後疫情期間平均每人增加 3.6 次的線上數位消費。另外，在這些新用戶中，72% 來自非都市地區，顯示印尼最大市場滲透率增長的一個非常積極且獨特的現象；鑒於 96% 的用戶仍在使用這些服務且 99% 打算繼續，這些用戶會留下來。

COVID-19 疫情，對人類生活模式產生大幅轉變，尤其是邁向數位化生活；該現象亦體現在印尼，例如其中食物外送成長 34%、雜貨成長 33%、教育成長 22%、影音串流成長 22%、音樂串流成長 21%（Google, Temasek and Bain & Company, 2021）。

總體而言，推動印尼電子商務市場規模成長的主要因素包含四點：

不斷成長的中產階級人口、行動裝置網路使用普及率提升、金融科技與數位支付的成長，以及新冠疫情加速消費者對於電子商務的依賴程度；在可預知的未來，印尼的電子商務將會成為生產者供應和消費者需求之間的重要橋梁。

第二節　可能遭遇的挑戰

壹、消費者更重視物流交付速度

　　起因於地形破碎而導致基礎建設落後，電子商務最大的成功關鍵在於物流布建的普及度，但島國特徵使基礎建設難以與一般國家相比，連帶物流成本也大幅提升。根據世界銀行報告指出，挑戰最大者是印尼的物流，因為印尼有超過 1.7 萬個島嶼，面積比歐盟都還要大，物流成本約占印尼國內生產總值（GDP）的 25%，而其他東南亞國家比例僅 15-20%（傅中原，2021）；基於此，在智慧型手機使用率已經提高的情況下，印尼電子商務零售商必須克服下一個困難課題——交付速度，畢竟交付速度是讓線下購物者轉向線上的關鍵，甚至比網際網路連接更為重要。因此，透過提升倉儲及物流基礎設施建設，以提供快速交付的電子商務企業，在未來更有可能推動人們接納線上購物。

貳、行動網路速度有待提升

　　根據 2020 年 Ookla 調查全球網路速度報告中，印尼在行動網路速度項目排名 121 名，相較新加坡排 21 名、泰國 33 名、越南 62 名、菲律賓 96 名，印尼均落後許多，意味當地電子商務發展若欲快速成長，提升網路普及率與速度將是首重目標（傅中原，2021）。

參、須設立常設實體公司與自建物流體系

近年來，許多國內外的電子商務企業家進入了印尼市場，競爭互聯網用戶激增。據估計，隨著愈來愈多的公司開始將創業發展到數位領域，在印尼的電子商務業務的數量將繼續增長。2016 年中央統計局（BPS）發布的經濟普查數據，在過去 10 年中，印尼的電子商務行業增長率約 17%，總共約有 2,620 萬家公司。印尼的電子商務市場確實對外國金融家有吸引力，不僅在亞洲地區的業者，還有美國的電子商務例如亞馬遜。與此同時，阿里巴巴透過 Lazada 和 Tokopedia，仍然確實主宰著印尼電子商務競爭。Tokopedia 在使用者的數量、應用程式的安裝、社交媒體的活動亦達到良好的成就，在很大程度上決定了投資者的利益（周佳寧，2019）。

另一方面，在印尼，自建物流體系是推動電子商務發展至關重要的措施之一，原因在於可以提供給消費者更好的交付服務，更好的交付體驗將激勵重複購買，並說服購物者在網上購物，從而提高電子商務平臺的使用率。印尼電子商務物流市場由協力廠商物流公司主導，占據 90% 的市占比率。J&T 和 JNE 是兩家主要的公司，另外再加上 Grab 和 Gojek，此四大電子商務平臺中便有三家擁有物流部門；到 2023 年，預計自建物流體系將占印尼電子商務交付量的 40%。

肆、尚且存在的舊有消費習性

目前 70% 印尼人還是喜歡在商店裡購物。根據 Google 的客戶調查，30.8% 的客戶更喜歡在商店內買東西，其原因包括：(1) 可以看到、摸到、嘗試想買的東西；(2) 可以確保所購買的商品就如自己所希望的；(3) 可以和賣家交流並且討價還價，29.9% 客戶表達因為有即時的滿足感，在看到商品及聽賣方推銷該產品後，在感官上會受到影響，便會立即買下那個商品；(4) 時間因素亦成為消費者更喜歡在商店裡買的原

因，印尼是一個群島，使得貨物的運輸需要一定的時間；及 (5) 印尼人認為購物是休閒或娛樂的活動，印尼人喜歡與家人或朋友一起去購物中心或商場。

伍、環境、法律和法規的變化

印尼對於外國投資人設立公司之最低資本額要求，除特定產業有某些部長指定的投資金額之外（例如投資製造業之最低資本額為 150 億印尼盾），一般為 100 億印尼盾；實收資本額（paid-up capital）的要求，則至少須在印尼銀行存放 100 億印尼盾，且每位股東的投資金額至少達 1,000 萬印尼盾。另外，外國投資人在印尼設立公司是否能 100% 獨資經營，應依據總統法規 2021 年第 10 號公布之正面表列清單（Positive Investment List, DPI）、總統法規 2021 年第 49 號，及政府法規 2021 年第 5 號有關風險導向商業許可的實施等規定，確認外資企業進入印尼市場經營的行業是否有投資持股限制；如果商業項目未列在 DPI，則視為開放項目，外資可以 100% 持有股份，但要注意業務領域是否適用 UMKM（中小微型企業），如果業務領域適用 UMKM，那麼外資還是不允許投資那個業務領域。但是除了 DPI 之外，外商也要注意是否有針對外商欲投資的產業之額外規定（經濟部，2021）。

在印尼如何經營電子商務平臺？依據貿易部長規定（Permendag No. 50 Tahun 2020）有關透過電子系統交易的商業活動之商業營業執照、廣告、計次和監督等規定，不論是印尼當地投資或外商投資皆必須透過 OSS 系統申請電子交易營業執照。

外資成立電子商務行業（Retail via mail order or via internet），可以 100% 外資投資，但仍必須與印尼當地企業合作（如簽署備忘錄 MOU 等），且外資只能銷售印尼標準行業分類 KBLI 47911、47912、47913 及 47914 之產品；外資如果要進口產品，亦必須屬於這四類型之產品

（經濟部，2021）：

　　1. KBLI 47911：透過媒體（信件、電話或互聯網）進行食品、飲料、菸草、化學、製藥、化妝品和實驗室工具之零售貿易。

　　2. KBLI 47912：透過媒體（信件、電話或互聯網）進行零售貿易、包括紡織品、服裝、鞋類和個人購買商品。

　　3. KBLI 47913：透過媒體（信件、電話或互聯網）進行零售貿易，包括家用設備和廚房設備等。

　　4. KBLI 47914：透過媒體（信件、電話或互聯網）對混合商品進行零售貿易，如 KBLI 47911 與 KBLI 47913。

　　印尼政府對經營電子商務相關產業有外資持股上限，雖然印尼於 2016 年修訂外資投資負面清單，大幅放寬外資印尼境內經營電子商務產業別，但對經營公司自建內容出版網站、可提供給賣家出版產品販售廣告之網站等，則有股權持有最高上限為 49% 的限制，目的係保護國內相關產業競爭力〔例如：印尼政府有 4 種產品類別需要符合 TKDN（Local Content）的規定〕，因之外資公司必須隨時注意印尼政府經常改變的法律和規章（傅中原，2021）。

　　另外，除了最低工資公式、各別產業加薪規定會因地區而有不同之外，印尼政府頒布之 PP No. 36/ 2021 規定每年調高最低工資（minimum wage）之計算公式，並頒布產業類別加給（Upah Minimum Sektoral/ Sectoral Minimum Wage, UMSK），明定不同產業有不同之加薪規定，但實際上加薪幅度都會高於公式，每個地區之加薪幅度不盡相同，投資人除滿足公式中最低工資應給付金額外，應注意當地產業類別、平均薪資及消費習慣等，各種因素均造成各地區產生不同的調薪幅度。

　　綜合言之，印尼政府對於投資經營管理之規定很繁瑣，有許多細瑣政策並經常調整相關規定，且各省分有各別的規定，臺商企業必須深入了解相關法律規定，並依據各區域規定評估投資據點，以避免造成法規上的疏忽，進而產生企業損失。

陸、進口關稅較高

目前印尼已跟以下協會或國家簽訂自由貿易協議：

1. 與中國簽訂 ASEAN-China Free Trade Area。

2. 與東南亞國家協會簽訂 ASEAN Trade in Goods Agreements。

3. 與日本單獨簽訂 Indonesia and Japan For an Economic Partnership Agreement。

4. 與韓國簽訂 ASEAN-Korea Free Trade Area。

5. 與印度簽訂 ASEAN-India Free Trade Area。

6. 與澳洲及紐西蘭簽訂 ASEAN-Australia-New Zealand Free Trade Area。

7. 與巴基斯坦單獨簽訂 Indonesia-Pakistan Preferential Trade Agreement。

然而，臺灣並未在其列，無法享有進口關稅之優惠。

柒、跨境管理的挑戰

臺商在海外投資常面臨跨境管理挑戰，早期臺商偏好在中國大陸投資，對環境及文化差異的適應相對簡單，但一旦跨出中國大陸以外的地區，將面臨相當大的跨文化衝擊；此時，便需要花時間了解當地歷史、文化或語言，亦需要保有更多包容心及同理心，尊重彼此文化上的差異；例如，印尼是全球最大的穆斯林國家，穆斯林每天須進行五次禱告，臺商企業須提供穆斯林員工適當的禱告場所與時間，並深入了解各地的文化差異，以平衡管理模式。另外印尼當地的工會相當多，臺商企業可以積極參與當地工會活動，維持良好的交流連結與互動。此外，在供應鏈管理方面，印尼供應鏈不那麼完整，臺商企業經常須進口相關設備或原料，建議這部分企業應納入投資評估考量（經濟部，2021）。

捌、行動支付習慣尚未普及

根據 JP Morgan 2020 年調查，由於金融犯罪比例偏高與人均開戶數偏低，使得印尼消費者對行動支付仍有顧慮，導致大多數消費者仍以實體信用卡、銀行轉帳與現金支付，占 75% 以上，上述因素都讓行動支付較難成為支付主流（傅中原，2021）。

第三節　臺商企業在印尼的未來發展

壹、期盼政府提供適當的協助

建議比照在馬來西亞的擴張市場模式，可以在印尼幾個重要城市（例如雅加達、萬隆、泗水等）率先建立示範點，以有效串聯當地的資訊、資金、人才等相關資源，並且提供基本的新創資訊、生態系統資源，與當地既有的新創輔導單位合作、企業創投（Corporate VC）、與當地投資人進行合資（Joint Venture）等。

貳、結合挑戰賽與共同試驗，聚焦具商業化潛力的新創或法人方案

印尼的電子商務市場具有 320 億美元的潛在規模，絕對是在東南亞的最大市場機會，除此之外，尚有其他新興的領域包括教育科技、金融科技、食品科技等項目，皆值得關注。針對東南亞國家，我國缺乏類似中國大陸的平臺業者至東南亞落地投資的經驗，建議運用類似韓國的挑戰賽，並結合 joint pilot 的機制，一步一腳印實實在在地去了解當地的問題與市場，以取得能有效解決當地問題的科技創新解決方案，達到放大新創規模，並可打造 Born2Global 新創（餘佩儒，2021）。

參、提高品牌知名度和促銷力度

在網路環境中，促銷活動允許消費者可以參與賣家溝通，從而可以進行有針對性的行動，包括註冊、下載、購買、推薦等。臺商企業在印尼可以做的促進發展品牌的活動包括（Pogorelova et al, 2016）：

1. 互聯網廣告，包括顯示廣告、語境廣告、社交網絡廣告、移動廣告等。

2. 促銷活動，包括社交媒體號召行動、電子郵件行銷、網絡會議、研討會等。

3. 公共關係，包括社會媒體行銷、內容行銷、推介行銷、電視廣告、招聘品牌等。

4. 搜尋引擎行銷，以確保在搜尋引擎索引、搜索結果中的排名靠前，以增加瀏覽量。

5. 病毒或游擊式行銷。

6. 品牌線上社群。

肆、加快自建物流體系

於電子商務行業中，物流是一項極重要的因素，在印尼更是如此。如果以中國大陸的京東商城（JD.ID）為例，它在中國自從 2007 年便開始自建倉儲，而在印尼京東商城亦建設自己的物流系統，目前正在使用 J-Express 作為物流合作夥伴（J-Express 是子公司）。京東商城在印尼希望透過提供快速運輸來吸引消費者的信任，於是計畫性地把倉庫建在雅加達、泗水、錫江、棉蘭及坤甸，共五個擁有戰略地理位置的城市，將來京東商城還會建更多倉庫，並在 2018 年引進無人機，用無人機技術使貨物交付更加高效（郭玉玲，2018）。

伍、發展O2O模式

印尼線上零售銷售，尚未達到 1% 的總零售額（今周刊，2020），發展性還很高；另外，根據 Google 的客戶調查，30.8% 的客戶更喜歡在商店內買東西、29.9% 客戶有即時的滿足感；若能採用 O2O（Online to Offline）模式，即商家將線下的資源整合到線上展示給消費者，消費者可以在線上完成對線下資源的選擇，並在線上完成消費；消費者亦可在商店選購商品，線上付款，在家裡收到商品。同時，商店可以當服務中心，當消費者遇到問題時，即可到商店諮詢並獲得問題之解決。O2O可以提高客人的滿意度及信任度。

陸、兼併和收購印尼電子商務公司

隨著競爭的日益激烈，在印尼，公司間電子商務的收購活動也經常發生。收購系統允許兩家公司以現有名稱繼續運行，甚至相互建立；收購系統的優點是加快了對一個領域的掌握，而不必從頭開始，不必浪費時間和精力從零點建立一個子公司，透過收購掌握另一家公司已經運行的業務；例如：阿里巴巴將 10 億美元資本注入 Lazada，透過快速的方式來掌握印尼的市場。不過，收購還有一項相當艱鉅的任務，即運行兩家不同的公司，把兩種企業文化結合起來，使員工在文化間相互理解，為了推動這兩家公司的發展而劃分責任是一個必須面對的挑戰（郭玉玲，2018）。

柒、改善客戶關係

客戶關係管理的週期包括流程的獲取、保留及拓展。獲取是獲取新關係的過程，以獲得新客戶，關鍵字是分化、創新和舒適。保留客戶關係是組織透過改進服務來保留客戶的策略的階段，成為公司的一項重要戰略，因為客戶在購買商品時有更多選擇，而這項動作可以讓自己更了

解競爭對手，關鍵字是適應、偵聽和響應。拓展則是在與客戶建立良好關係的時刻，滿足客戶的願望和始終保持良好的服務，關鍵字是忠誠、降低成本和客戶服務。因此，臺商企業可以制定一個戰略，以清楚地知道客戶的需求和期望，可以快速回應客戶，從而使客戶感覺到公司的存在，使得消費者對公司的忠誠度愈來愈高。

捌、提高人力資源能力

目前，印尼在電子商務領域的人力資源短缺，真正控制整個電子商務系統的人才能力包括在技術上、對銀行系統、交通貿易及現行法律制度都必須有所了解。電子商務人力資源數量少的原因為：(1) 缺乏資源，如電子商務方面的參考書、雜誌或小報；(2) 缺乏電子商務方面的教育、研討會、講習；及 (3) 缺少電子商務領域的專家。因此，要加快電子商務人力資源的開發，就必須從這「三缺」著手，以便促使產業快速發展；此部分臺商企業可以與印尼的大學合作進行培訓，舉辦招聘會，發展可靠的勞動力。

玖、與政府保持良好關係

政府作為安全保障者、執法人員及決策者，可以創造有利的商業環境，將對公司的生存能力產生決定性的影響。政府關係的意義在於，在不同的政府政策（投資、貿易合作、稅收等）之間建立和諧，在危機中尋求保護，增加各種企業利益。因此，與印尼政府保持良好的關係，對臺商企業來說是非常重要的（郭玉玲，2018）。

拾、善盡社會責任

企業社會責任對公司的優勢是讓公司有資格經營的社會牌照，降低公司業務風險，擴大進入市場的機會，降低成本，改善與監管機構的關

係，提高員工的士氣和生產力，可以將公司與競爭對手區分開來（Pogorelova et al, 2016）。

拾壹、前進印尼要注意的五件事

1. 認證：印尼法律規定，進口藥品、美妝及食品須申請印尼食品藥物管理局許可（BPOM），母嬰產品亦須申請印尼國家標準認證（SNI）。在法律之外，穆斯林擁有相關戒律，備有清眞認證提供給業者申請（目前屬於非強制要求）。

2. 關稅：由於臺灣未加入東南亞國家協會相關貿易協定，因此進口印尼會依照不同品項而被課以稅率不一的稅，例如，紡織品稅率約40%，彩妝品約 30%。

3. 社群經營：與電子商務平臺相比，印尼人更喜歡使用社群網站，最常用 Instagram，Facebook 次之。

4. 清眞市場消費者偏好：喜好有清眞認證的商品；電商品項退貨率低；廣告配色喜歡以粉色、深紅色爲主；商品模特兒可選擇戴頭巾。

5. 金流：根據東南亞市調公司 EcommerceIQ 在 2018 年 1 月的調查，印尼消費者有 52% 使用貨到付款、45% 使用 ATM 轉帳及 2% 使用信用卡，剩餘者使用簽帳金融卡、信用卡貨到付款（今周刊，2020）。

參考文獻

1. 今周刊（2020），〈印尼電商起飛中——卡位要先搞定清真認證〉，數位電商基地，取自網址：https://gd.taiwantrade.com/news/523（December 27, 2021）。

2. 餘佩儒（2021），〈東南亞國家新創生態係發展與後疫情新常態機會〉，《經濟前瞻》，194，74-79。

3. 周佳寧（2019），〈印尼創新生態系與創新創業政策〉，《產業動

態》，*42*（3），127-135。

4. 郭玉玲（2018），〈京東商城進入印尼電子商務市場戰略的研究〉，《天津大學管理與經濟學部之未出版碩士論文》，中國，天津市。

5. 傅中原（2021），〈錢進印尼電子商務市場五大挑戰〉，聯合新聞網經濟日報，發布日期2021-06-09，取自網址：https://udn.com/news/story/7241/5516003（October 27, 2021）。

6. 廣東智慧國際物流（2020），〈印尼電子商務的發展〉，每日頭條財經版，取自網址：https://kknews.cc/zh-tw/finance/v52566y.html（December 27, 2021）。

7. 經濟部（2021），〈2021印尼投資法規與稅務〉，取自網址：https://investtaiwan.nat.gov.tw (December 27, 2021)。

8. Google, Temasek and Bain & Company (2021). e-Conomy SEA 2021. Retrieved from https://storage.googleapis.com/gweb-economy-sea.appspot.com/assets/pdf/e-Conomy_SEA_2021_Report.pdf (October 27, 2021).

9. Kemp, S. (2021). Digital 2021: Indonesia. Retrieved from https://datareportal.com/reports/digital-2021-indonesia (December 27, 2021).

10. Pogorelova, E. V., Yakhneeva, I. V., Agafonova, A. N. & Prokubovskaya, A. O. (2016). Marketing Mix for E-commerce. *International Journal of Environment and Science Education, 11*(14), 6744-6759.

11. Startup Genome (2020). The Global Startup Ecosystem Report GSER 2020: The New Normal for the Global Startup Economy and the Impact of COVID-19. Retrieved from https://outlook.stpi.narl.org.tw/index/tdop/detail?tdpId=4b11410072c0d7000172ff30d2d66a92 (October 29, 2021).

12. WEF (2020). 8 ways ASEAN consumer habits will change by 2030 - shaped by COVID-19, tech and more. Retrieved from https://www.weforum.org/agenda/2020/06/8-ways-asean-consumer-habits-will-change-by-2030-shaped-by-covid19-tech-and-more (October 27, 2021).

Chapter *10*

印尼Gojek創新商業模式

張宏榮[*]

[*]　嘉義大學管理研究學院博士，現任環球科技大學企管系副教授。

第一節　印尼產業背景

　　印尼擁有豐富的原油、天然氣、煤礦、各種礦產、天然橡膠與原木等農工業原料。2014 年 10 月佐科威上任後，提出建設印尼成爲海洋軸心國家的政策，因此政局穩定下產業發展快速。印尼已成爲全球第 10 大經濟體，僅次於美國、中國大陸、印度、日本、德國、俄羅斯、巴西、法國及英國，占全球經濟總產出比重達 2.3%。人口紅利優勢方面，印尼人口多達 2 億 7,300 餘萬人，在全球僅次於中國大陸、印度與美國，是東南亞國家中面積最大、人口最多的國家，且勞動人口超過需要撫養之人口，內需市場（占 GDP 之 70%）龐大且快速成長。

　　印尼除擁有龐大人口外，年均人口成長率高達 1.06%、老年人口比率低，全國平均年齡僅有約 29 歲，年輕人口有 50% 以上居住於都會區，是支撐消費成長之重要動力，眾多充滿活力、消費力強勁的年輕人口是內需市場及經濟持續成長的龐大動能，同時市場消費兩極化是印尼消費市場最大特色。

　　印尼全年氣候穩定、居住環境理想、休閒設施完善。近幾年來，都會區及鄰近工業區土地和勞力成本大幅上揚。印尼有龐大需求之內需型產業，例如汽機車零配件、餐飲、零售及資訊服務業等。近年來在印尼之大型量販店，例如家樂福（Carrefour）、Lotte Mart、Giant、Hypermart 與五金建材家具連鎖店，例如 Ace Hardware、Index Furniture 等之生意甚佳，據點正迅速增加中。

第二節　創業動機

　　Gojek 是位於雅加達的印度尼西亞按需多服務平臺，和數位支付技術集團。最初於 2010 年在印度尼西亞成立，將消費者與快遞和兩輪叫

車服務聯繫起來。

Gojek 是印尼版的 Uber，由 Nadiem Makarim 創辦，他在美國布朗大學念國際關係，碩士在哈佛商學院畢業，念 MBA。由於出生於經濟不錯的家庭，並且從小就在國外求學，自己有一股使命感，希望回印尼對國家做出貢獻，藉著創新與創業精神來帶動印尼經濟成長。

Gojek 的存在，跟印尼雅加達的交通有很大的關係，原因就是塞車。雅加達住了 2,700 多萬人，每天有幾百萬人要進雅加達上班，但目前除了機場捷運之外，一條捷運都沒有。而這也是為什麼這邊許多人是靠機車上下班或是移動，因為機車可以在車縫中移動，可以更快到達目的地。如果你想用機車移動，但又不想自己騎機車，可以選擇 Gojek。

第三節　商業模式

商業模式（Business Model）是企業賺錢的方式。管理學大師杜拉克（Peter Drucker）認為「企業不創新就滅亡」，創新包含產品創新、流程創新、組織創新與商業模式創新。據 IBM 調查，商業模式創新比產品創新與製程創新更為重要。彼得・杜拉克進一步說明，「現今企業的競爭，不是產品之間的競爭，而是商業模式之間的競爭」。

《獲利世代》（Business Model Generation）的作者 Alexander Osterwalder 指出，商業模式是「描述一個組織如何創造、傳遞及獲取價值的手段與方法」。據此「所謂的商業模式即是一個事業（a business）創造營收（revenue）與利潤（profit）的手段與方法」。商業模式包含九大要素，說明如下：

1. 目標客層（Customer Segments, CS）：企業或組織所要服務的一個或數個客群。

2. 價值主張（Value Propositions, VP）：以種種價值主張，解決顧客的問題，滿足顧客的需要。

3. 通路（Channels, CH）：價值主張透過溝通、配送及銷售通路，傳遞給顧客。

4. 顧客關係（Customer Relationships, CR）：跟每個目標客層，都要建立並維繫不同的顧客關係。

5. 收益流（Revenue Streams, RS）：成功地將價值主張提供給客戶後，就會取得收益流。

6. 關鍵資源（Key Resources, KR）：想要提供及傳遞前述的各項元素，所需要的資產就是關鍵資源。

7. 關鍵活動（Key Activities, KA）：運用關鍵資源所要執行的一些活動，就是關鍵活動。

8. 關鍵合作夥伴（Key Partnership, KP）：有些活動要借重外部資源，而有些資源是由組織外取得。

9. 成本結構（Cost Structure, CS）：各個商業模式的元素都會形塑你的成本結構。

Gojek 思考一個媒合機車司機和乘客的創新平臺。乘客一發出坐車的需求，附近的 Gojek 司機都會收到通知，所以就算本來待的地方沒有車，大家看到你的需求也會過來。這有效的解決之前乘客找車的效率問題。從司機的角度來看，進入 Gojek 之後，收入增加 2-3 倍。原因在於尋找客源的效率。以前大部分時候，機車司機就是停在自己熟悉的地方一直等，每天工作時間很長，但多半就是空等而已。有了 Gojek 之後，可以主動出擊去找客人，或是移動到需求大的地方，甚至除了載人以外，還多了送貨、送信、送食物等等，因為 Gojek 平臺延伸功能所增加的新需求。這些都大大增加了工作賺錢的效率。

Gojek 依顧客需要提供創新 App，已經從機車計程車，變成消費者的生活助理。同時 Gojek 的 App 已經超過 1,300 萬次下載，每天超過 34 萬次的搭乘次數，數字顯示出印尼人對於服務的需求強度。創新商業模式例如：找機車計程車（GoRide）；找私家車（GoCar）；找計程

車（GoBluebird）；食物外送，從連鎖餐廳、速食店、mall裡面的餐廳一直到路邊攤，他都能幫你買來（GoFood）；幫你寄快遞（GoSend）；幫你儲值（GoPulsa）；幫你繳費或是幫你買點數卡（GoBills）；幫你去你指定的地方買東西，就算你半夜要司機幫你去便利商店買一罐飲料都可以（GoShop）；幫你去合作的店家買商品，讓你挑選，提供你購買（GoMart）；幫你線上買票，買展覽票，或是電影票（GoTix）；幫你打包寄東西，你要搬家的時候就可以用（GoBox）；幫你找按摩師來家裡為你按摩（GoMassage）；找人到家裡打掃（GoClean）；到家幫你做各種美容保養，剪頭髮、做造型、美甲等（GoGlam）；到家幫你修車、汽車美容（GoAuto）；可以幫你買藥（GoMed）；可以幫你計算要搭的公車路線，然後用機車或汽車載你去車站（GoBusway）。

參考文獻

1. Ben Pan（2018），〈GO–JEK：一間印尼本土新創，如何從單純載人服務，變成印尼人生活不可少的一部分？〉，取自網址：https://buzzorange.com/techorange/2018/02/12/go-jek-indonisia-uber-what-to-look/（2022，1月20日）。

2. 張巧欣（2021），〈一手操控生活大小事，Gojek全方位服務APP〉，取自網址：https://www.find.org.tw/index/wind/browse/e2a77ea48a03e-7fefe9095ddfbdb8090/（2022，1月20日）。

3. 經濟部投資業務處（2020），〈印尼投資環境簡介〉，取自網址：https://investtaiwan.nat.gov.tw/getFile?file=4dea1d47-01cf-4cc5-92c4-0b5c059f9da9.doc&Fun=ArticleAction&1ang=cht。

國家圖書館出版品預行編目資料

崛起中的猛虎——印尼／許文志，葉燉烟，李
　建宏，許純碩，許淑婷，張李曉娟，尤澤
　森，張子見，吳珮慈，張宏榮著. ——初
　版. ——臺北市：五南圖書出版股份有限公
　司，2022.10
　面；　公分
　ISBN 978-626-343-416-5（平裝）

1.CST: 國家發展　2.CST: 區域研究　3.CST:
　印尼

739.3　　　　　　　　　　111015616

1MAL

崛起中的猛虎——印尼

作　　　者 ― 許文志、葉燉烟、李建宏、許純碩、

　　　　　　　許淑婷、張李曉娟、尤澤森、張子見、

　　　　　　　吳珮慈、張宏榮

發 行 人 ― 楊榮川

總 經 理 ― 楊士清

總 編 輯 ― 楊秀麗

主　　編 ― 侯家嵐

責任編輯 ― 吳瑀芳

特約編輯 ― 張碧娟

封面設計 ― 王麗娟

出 版 者 ― 五南圖書出版股份有限公司

地　　址：106台北市大安區和平東路二段339號4樓

電　　話：(02)2705-5066　　傳　　真：(02)2706-6100

網　　址：https://www.wunan.com.tw

電子郵件：wunan@wunan.com.tw

劃撥帳號：01068953

戶　　名：五南圖書出版股份有限公司

法律顧問　林勝安律師事務所　林勝安律師

出版日期　2022年10月初版一刷

定　　價　新臺幣320元

經典永恆・名著常在

五十週年的獻禮──經典名著文庫

五南，五十年了，半個世紀，人生旅程的一大半，走過來了。

思索著，邁向百年的未來歷程，能為知識界、文化學術界作些什麼？

在速食文化的生態下，有什麼值得讓人雋永品味的？

歷代經典・當今名著，經過時間的洗禮，千錘百鍊，流傳至今，光芒耀人；

不僅使我們能領悟前人的智慧，同時也增深加廣我們思考的深度與視野。

我們決心投入巨資，有計畫的系統梳選，成立「經典名著文庫」，

希望收入古今中外思想性的、充滿睿智與獨見的經典、名著。

這是一項理想性的、永續性的巨大出版工程。

不在意讀者的眾寡，只考慮它的學術價值，力求完整展現先哲思想的軌跡；

為知識界開啟一片智慧之窗，營造一座百花綻放的世界文明公園，

任君遨遊、取菁吸蜜、嘉惠學子！